医师法学习与应用

Study and Application of Law on Doctors

孙东东 著

中国法制出版社
CHINA LEGAL PUBLISHING HOUSE

PREFACE | 前言

《中华人民共和国医师法》（以下简称《医师法》）于2021年8月20日第十三届全国人民代表大会常务委员会第三十次会议表决通过，2022年3月1日起施行，全文共七章六十七条。《医师法》是针对一名医师从医学院校毕业到离开医师队伍，职业生涯全过程执业管理的专门法律。《医师法》在原《执业医师法》的基础上，就《执业医师法》实施过程中显现出的立法问题、社会发展变化对原有规范的挑战、此次防控新冠肺炎疫情中积累的好经验作出了积极回应。《医师法》是以保障医师合法权益，规范医师执业行为，加强医师队伍建设，保护人民健康，推进健康中国建设为主轴，在保障医师合法权益及待遇、完善医师职责和义务、完善医师考试注册管理制度、完善医师教育培训和考核制度、完善法律责任等方面进行全面修订而成的。所有未来将要成为医师的医学院校在校学生、已经取得医师执业资格的在业医师，甚至是从医多年的老专家和医学泰斗，无一例外都必须认真学习《医师法》并严格遵照执行，否则将要承担相应的法律责任。

笔者在二十世纪九十年代中期，应原卫生部有关司局邀请，参与了《执业医师法》的起草工作。2019年，经中国医师协会推荐，参与了《执业医师法》修订的部分调研和起草工作；2021年1月，受北京大学法学院的安排，参与了全国人大法工委《医师法》征求意见工作，对《执业医师法》和《医师法》的起草过程和背景略有了解。

2021年1月1日,《中华人民共和国民法典》(以下简称《民法典》)开始实施。为了让广大医疗机构管理者和医务人员充分学习《民法典》中有关“医疗损害责任”的规定和更好地临床应用，在中国医师协会的支持下，本人撰写了《〈民法典〉“医疗损害责任”立法学习与临床应用》一书，社会反响非常好。2022年1月，中国医师协会的有关负责人士联系笔者，希望再为医师们写一本能与上一本书成为姐妹篇的，解读《医师法》的书籍，以配合中国医师协会面向全国医师宣传普及《医师法》的活动。这一提议与本人原有想法不谋而合。

在撰写本书过程中，笔者仍然秉持让医务人员读懂深奥难懂、枯燥乏味的法律条文，正确理解法的精神和意义之原则；仍然刻意回避了当下法学著作语言晦涩、化简为繁、长篇大论的撰写模式，而是采用与《执业医师法》比较的方式，用医务人员能够接受的语言，化繁为简，深入浅出，注重解读法律条文制定的渊源和背景，让医务人员从被动地被说教转变为主动地学习应用。笔者还将有关法律、法规、规范作为附录列在书后，便于读者翻阅查看。

一部法律出台后，为了便于实施，国家有关部门会针对法律规定中的一些原则性规定，制定具体实施条例、规章、解释等配套文件。与《执业医师法》相比,《医师法》虽然已大大提高了可操作性，但仍然有多处规定属原则性规定，如医师资格考试的具体操作管理规定、境外人员参加医师资格考试的具体规定等，并授权国家有关部门制定相关具体操作的规范性文件。在本书完稿时，这一系列的配套文件尚未出台。据了解，国家有关部门将在《医师法》实施一年内，根据实施的具体情况，陆续出台相关的配套文件。故本书在撰写过程中，针对一些需要有配套文件作进一步规范的内容，只作了原则性的论述，为日后读者学习配套文件做个铺垫。

本书在撰写过程中，得到了中国医师协会、百洋医药集团有限责任公司、中国法制出版社的大力支持，中国医师道德建设与法律援助百洋基金的联络员孙岩先生对全书的文字进行了校对，在此一并表示衷心的感谢。

对书中不妥之处，还望读者不吝指正。

孙东东
2022年7月1日于北京大学法学院

CONTENTS | 目录

第一章

概　述

第一节 | 历史沿革

《中华人民共和国医师法》于2021年8月20日第十三届全国人民代表大会常务委员会第三十次会议表决通过，自2022年3月1日起施行，全文共七章六十七条。

我国《医师法》立法的历史沿革可追溯到中华人民共和国成立初期。1951年，中央人民政府政务院颁布了《医师暂行条例》《中医师暂行条例》和《牙医师暂行条例》，对医师的准入条件、资格考试、诊疗行为规范等作出了规定。这三个条例对保障人民健康、依法管理医师队伍，起到了重要作用。但遗憾的是，这三个条例颁布后不久，在二十世纪五十年代中期以后就停止执行。1956年，国家废除了中外医学界通行的医师资格考试制度。此后大量的非医学专业人员零门槛涌入医师队伍。虽然这在一定程度上实现了“低水平广覆盖”，但是作为医疗卫生事业的主体，医师普遍的专业技术水平难以承担维护人民健康的重任。在既有的医疗机构中，为了弥补医师数量的不足，由护士改任医师的“护改医”现象成为常态。至二十世纪八十年代中期，全国从事医师专业职务的医师和医士数量超过150万，远远超出同期医学教育的培养能力，医师队伍鱼龙混杂、良莠不齐。由于缺乏法律的规范，医师在执业活动中的权利义务、执业规则无从谈起。与此同时，由于一些从业者业务水平较低、不负责任，违反医疗规范、造成医疗损害的现象也时有发生，诸如此类问题，仅靠行政手段无法解决。

改革开放后，随着社会主义市场经济体制的建立、健全，医疗服务市场也逐渐开放，作为医疗卫生改革重大举措之一的个体医疗诊所、民营医疗机构如雨后春笋遍地涌现，在一定程度上弥补了国家医疗服务力量的不足。但也不可否认的是，在这种新的情况下，有少数人利欲熏心，非法行医，乘人之危，骗取钱财，对广大群众的生命健康构成了严重威胁，并且屡禁不止。造成这种状况的一个重要原因是对医师行医资格和执业管理无法律规定，卫生行政主管部门查处取缔无证照行医人员无法可依。同时，随着中外医学交流的发展，不断有境外医师来华从事医疗活动，为了维护国家主权，保护我国患者和医师的利益，促进中外医学交流的健康发展，迫切需要有法可依。为了依法加强医师执业管理，适应改革开放新形势的需要，制定《医师法》迫在眉睫。

1985年4月，原卫生部组织起草《中华人民共和国医师法》。经广泛征求国家有关部门、地方政府卫生主管部门以及各类医师的意见，深入调查研究，查阅国内外有关资料，总结中华人民共和国成立以来医师管理工作的经验，其起草了《中华人民共和国医师法（送审稿）》上报国务院。此后，原国务院法制局又进一步征求意见，并针对重点问题深入基层进行调查研究，经过反复论证、修改，形成了《中华人民共和国执业医师法（草案）》上报全国人民代表大会审议。1998年6月26日，第九届全国人民代表大会常务委员会第三次会议表决通过了《中华人民共和国执业医师法》（以下简称《执业医师法》），自1999年5月1日起施行。这是中华人民共和国成立以来第一部规范医师执业活动的法律，全文共六章四十六条，从有关医师的考试和注册、执业规则、考核和培训、法律责任以及管辖等多个方面对医师的执业管理进行了全面系统的规范。为了适应社会发展变化的需要，2009年8月27日，第十一届全国人民代表大会常务委员会第十次会议针对《执业医师法》在执行中出现的一些问题进行了修正。

作为我国社会主义法治建设的重要组成部分，《执业医师法》的颁布实施，将国家对医师的管理纳入法治化轨道，对加强医师队伍的建设，提高医师的职业道德和业务素质，规范医师的执业行为，保障医师的合法权益，维护人民健康，起到了极为重要的作用。而且，由于医师的诊疗行为与民众的生命健康权等人格权益密切相关，民众对《执业医师法》的主动关注度极高，此次立法可谓深入人心。回顾《执业医师法》实施二十余年的历程，基本实现了立法的初衷。

随着我国经济建设的快速发展，人民的生活水平大幅提高，民众对医疗保健服务的需求也越来越高。2009年3月17日，中共中央、国务院颁布了《关于深化医药卫生体制改革的意见》，明确提出了鼓励医师多地点执业等便民举措；近二十年来国家先后制定和修订了《中华人民共和国基本医疗卫生和健康促进法》《中华人民共和国传染病防治法》《中华人民共和国精神卫生法》《中华人民共和国中医药法》《中华人民共和国药品管理法》《中华人民共和国民法典》以及《医疗纠纷预防和处理条例》《医疗器械监督管理条例》等多项法律和行政法规，其中有关医师的职业规范、权利义务、保障措施的诸多内容超出了《执业医师法》的界定。医师队伍建设与管理出现了许多新情况、新问题，《执业医师法》已不能很好地适应实际工作需要，修订《执业医师法》势在必行。

2018年，第十三届全国人大常委会将修改《执业医师法》列为立法规划项目，由教科文卫委负责提请审议。2019年1月，教科文卫委会同国家卫生健康委等九部门共同成立了修法工作领导小组，组织开展调研，多次召开研究修法专项工作会议。在深入调研和听取梳理各方面意见建议的基础上，形成了《中华人民共和国医师法（草案）》，提请全国人大常委会审议，最终表决通过了《中华人民共和国医师法》。

第二节 |《执业医师法》存在的主要不足

《执业医师法》与我国新时期经济社会发展、社会主义法治建设以及医疗卫生体制改革不断深入不相适应。

一、《执业医师法》法律名称中“执业”二字使用不当

上文中已介绍，《执业医师法》在起草之初的名称即为《医师法》，“执业”二字是后加上去的。法律出台后就有不少专家学者对此提出异议，认为“执业”二字使用不当。

医师（Physician）是指依法取得医师资格，经注册在医疗卫生机构中从事医疗活动的医学专业技术人员。根据医师的工作性质特点，按照世界公认的标准，医师应当属于受过高等医学教育，经国家卫生行政主管部门审查合格的高级医疗专业技术人员。执业（Practice）是指医师、律师、会计师等有资质的人员进行业务活动。以此推理，执业医师（Practicing Physician）理应是指受过高等教育、具有医师资格，从事医疗、预防保健工作业务活动的高级医疗专业技术人员。梳理《执业医师法》的具体内容，不难发现其所规范的是医师的执业行为、执业管理等内容，更像是“医师执业法”，显然是文不对题，将“执业医师”和“医师执业”混淆了。在世界范围内，包括我国香港和澳门特别行政区在内的多数国家和地区，通常将“执业医师”界定为个体开业的医师。在《执业医师法》颁布后，国家有关部门曾组织专家到港澳地区宣讲推介《执业医师法》。其间，就因内地与港澳地区对“执业”二字有不同的理解，闹过不少小误会。若是为了突出强调医师作为职业类别的专业性，则应当是冠以“职业医师（Professional Physician）”的名称更为贴切，即以从事医疗工作为主要生活来源、专业的（非业余的）高级医务卫生人员。

从法律逻辑关系角度讲，若要成为能够执业的医师，须先取得医师资格，再经过在医疗卫生机构注册后，才能执业。《执业医师法》第2条第1款规定：“依法取得执业医师资格或者执业助理医师资格，经注册在医疗、预防、保健机构中执业的专业医务人员，适用本法。”通览我国其他涉及职业类别的相关法律，如《教师法》《法官法》《检察官法》《律师法》等，都有严格的资格认证和执业注册等管理制度，但在法律法规名称上都没有“执业”二字的限定。因此，去掉“执业”二字也体现了我国法律体系的协调统一。

二、医师执业管理规定滞后

在制定《执业医师法》时，我国医疗卫生管理体制虽然经历了1985年开始的第一轮事业单位体制改革，但此次改革只集中于医疗机构政府财政拨款等经营管理方面，而对医师的单位所有人管理体制未予触及。随着医疗体制改革的深入，为了充分利用现有医疗资源，让基层民众能够享受到高质量的医疗服务，国家在政策层面出台了一系列诸如鼓励医务人员多地点执业、建立医疗联合体等举措，但《执业医师法》未就此作出相应的修改跟进。法律不能适应社会发展的需要，一旦引起医疗纠纷，对医疗机构及医务人员的处境也极其不利。

三、医师教育培养制度不够健全

医师作为一个需要终身学习的职业，从医学院校招生入口到因各种原因退出执业，其全链条培养过程都需要严格规范，以此确保医师队伍总体诊疗技术水平的稳定和不断提高。由于特定历史时期的需要，《执业医师法》在立法时将对医师的执业准入、执业行为的管理作为重中之重，对医师教育培养制度的规范相对轻描淡写，是可以理解的必然结果。

四、医师职责和权利义务需要进一步明确

《中华人民共和国民法典》已于2021年1月1日起施行。《民法典》第四编“人格权编”和第七编“侵权责任编”的第六章“医疗损害责任”对医师的职责和权利义务作出了一些新的规定，如医师应当遵循临床有关操作规范和医学伦理规范；进行医学研究和试验性临床医疗，应当符合国家有关规定并征得患者或者其近亲属明确同意；人格尊严、人身安全不受侵犯等。《传染病防治法》等法律法规将医师在医疗活动中发现有关情形应及时报告列为执业义务。《执业医师法》对于尚未取得执业医师或者执业助理医师资格，在医疗卫生机构服务或者接受规范化培训的医学毕业生和参加临床教学实践的医学生进行临床诊疗实践的合法性问题未予明确规定，在诊疗活动中容易引起不必要的纷争。

五、缺乏具体可行的医师执业保障措施

《执业医师法》对于医师的薪酬待遇、队伍建设、执业环境治理、职业防护、行业自律等执业保障方面的规定过于原则或者有所疏漏，导致执行中无法可依。

第三节 |《医师法》立法基本原则的变化

2021年1月20日，全国人民代表大会教育科学文化卫生委员会副主任委员在第十三届全国人民代表大会常务委员会第二十五次会议上作《关于修订〈中华人民共和国执业医师法〉的说明》。据此,《医师法》的立法原则主要包括：坚持人民至上、生命至上，努力为实施健康中国战略提供有效法律支撑和保障；坚持问题导向，强基层、补短板、堵漏洞，与其他相关法律衔接；遵循医师培养成长规律；尊重关爱医务工作者，强化保障机制，推动营造尊医重卫的良好氛围四个方面。与《执业医师法》相比,《医师法》新增“保障措施”一章；在保障医师合法权益及待遇、完善医师职责和义务、完善医师考试注册管理制度、完善医师教育培训和考核制度、完善法律责任等方面作了修改完善。本书在后文中将就其立法变化以及应用予以详细阐述。

第二章

总则的立法变化

第一节 | 立法目的和宗旨的立法变化

《医师法》第一章“总则”的第1条是立法目的和宗旨，其他条款须以此为主线制定。与《执业医师法》相比，本条法律条文的字数没有变化，都是44个字，但轻重缓急的语序却发生了质的变化。

《医师法》	《执业医师法》
第一章　总则	第一章　总则
第一条　为了**保障医师合法权益，规范医师执业行为，加强医师队伍建设，保护人民健康，推进健康中国建设**，制定本法。	第一条　为了加强医师队伍的建设，提高医师的职业道德和业务素质，保障医师的合法权益，保护人民健康，制定本法。

备注：本书在下文中将以上列表格的形式对《医师法》与《执业医师法》的立法变化进行比较，《医师法》的立法变化用黑体字标注。

按照汉语的语言习惯，在排列表述多项事务时，往往按照轻重缓急将当前最为重要、紧急的事务列在首位，需要努力奋斗才能升华的远大目标，则列为最后的“大轴”。

《医师法》将“保障医师合法权益”列为立法首要目的和宗旨。其原因是《执业医师法》实施二十多年来，随着各类医学院校办学规模的扩大，严格的考试准入制度的施行，经过多方不懈努力，我国医师队伍构成已经发生了根本性的改变。据《中国卫生健康统计年鉴（2021版）》公布的统计数据，截至2020年年底，全国执业医师和执业助理医师总人数已达408万人，其中大专以上学历的超过80%；执业医师中大专以上学历的超过90%，本科学历的占51.6%，硕士博士研究生教育学历的达到16.3%。那些在特定历史条件下进入医师队伍的未受过专业医学教育的人员，也大多随着年龄的增长或因其他因素离开了医师执业岗位。医师队伍综合素质参差不齐、与社会需求不相适应的矛盾得到了基本缓和。而医患矛盾却日渐突出，医患纠纷每天都在大量发生，且已影响到社会的稳定，阻碍了医学科学的发展。虽然医患矛盾产生的原因很复杂，但缺少尊医重卫的氛围，医疗安全环境差，医师的合法权益得不到保障，伤医事件频发等诸多非专业技术因素令医师不能专心从事临床诊疗工作，是不可忽视的重要原因。保障医师的合法权益，维护和谐的医患关系，是一个复杂的系统工程，仅靠行政手段难以实现，必须通过立法予以解决。

在法律草案征求意见过程中，有舆论认为，在医患这一对“矛盾体”中，患者是弱势群体，法律作为国家意志的体现，应当将保护患者或公众的合法权益作为立法目的和宗旨的重中之重，而不应仅将保障医师合法权益列在首位。持此观点的人首先忽略了这部法律是规范医师诊疗行为的法律，不是患者或公众权益保护法。另外，在医患关系中，患者在医疗卫生知识占有量和支配诊疗行为方面相对医师确实是弱者，但是在如选择医疗机构、选择医师以及治疗方法等其他权利方面却是强者。医患关系很复杂，不能用一个简单的“矛盾体”加以概括。从医患之间的利益关系讲，医患的利益关系不是对立的，医患是同一条战壕的战友，共同的敌人是疾病。确切地说，医患关系应当是共同对抗疾病的“统一体”。因此，只有医师的合法权益得到切实保护，执业行为得到有效规范，医师才能心无旁骛地钻研诊疗技术，关心体恤患者，而最终受益的一定是患者。

列在立法目的和宗旨第二位的是“规范医师执业行为”。这主要根据《民法典》有关医疗损害责任的规定，鉴于近年来频发的因医师在诊疗活动中行为不规范，导致患者受到医疗损害的情况而制定。目的在于通过规范医师的执业行为，有效防范医疗损害的发生，切实保护患者的人格权不受损害。

列在立法目的和宗旨第三位的是“加强医师队伍建设”。前文提到截至2020年年底，全国执业医师和执业助理医师总人数已达408万人。从规模上看这确实是一个非常可观的数字，但质量上距离广大民众需求的高水平、高质量的医疗服务还有很大的差距。因此，《医师法》仍将加强医师队伍建设列为立法目的和宗旨的一项重要内容。后续的法律条文中也就医师的教育培训和考核制度等作了相应的具体规范。

列在立法目的和宗旨第四位、第五位的是“保护人民健康”“推进健康中国建设”。制定《医师法》是通过对医师的执业管理，最终实现保护人民健康，推进健康中国建设的宏伟目标。保护人民健康，推进健康中国建设是实现中华民族伟大复兴不可或缺的内容。

与《执业医师法》相比,《医师法》在立法目的和宗旨中去掉了“提高医师的职业道德和业务素质”，是否意味着要弱化提高医师的职业道德和业务素质执业精神？事实恰恰相反,《医师法》后续篇章中针对医师的职业道德和业务素质制定了多项具体条款，在立法目的和宗旨中也就无须作纲要性的表述。

第二节 | 职业精神与执业法律保护

《医师法》首次将医师应当坚持“人民至上、生命至上”的人道主义精神以及弘扬“敬佑生命、救死扶伤、甘于奉献、大爱无疆”的崇高职业精神等新理念写入法律。这将对提高医师的职业道德水平起到积极的引领作用。

《医师法》	《执业医师法》
第三条 医师应当坚持**人民至上、生命至上**，发扬人道主义精神，**弘扬敬佑生命、救死扶伤、甘于奉献、大爱无疆的崇高职业精神，恪守职业道德，遵守执业规范，提高执业水平**，履行防病治病、保护人民健康的神圣职责。 医师**依法执业**，受法律保护。**医师的人格尊严、人身安全不受侵犯。**	第三条 医师应当具备良好的职业道德和医疗执业水平，发扬人道主义精神，履行防病治病、救死扶伤、保护人民健康的神圣职责。 全社会应当尊重医师。医师依法履行职责，受法律保护。

同时，本条法律规定“医师依法执业，受法律保护”。在此需要提醒医师注意的是，如果医师未依法执业或违法执业，自然也得不到法律的保护，若因此导致他人的损害，还应承担相应的法律责任。此规定应当是第六章“法律责任”规定变化的引子。

本条“医师的人格尊严、人身安全不受侵犯”的规定，是国家针对当下的医疗大环境状况，向全社会严肃且郑重的宣告，任何单位、组织、个人不得侵犯医师的人格尊严和人身安全，否则将承担相应的法律责任。

第三节 | 医师节、表彰、奖励及政府职责的立法变化

《医师法》	《执业医师法》
第五条　**每年8月19日为中国医师节。** 对在医疗卫生服务工作中做出突出贡献的医师，按照国家有关规定给予表彰、奖励。 全社会应当尊重医师。**各级人民政府应当关心爱护医师，弘扬先进事迹，加强业务培训，支持开拓创新，帮助解决困难，推动在全社会广泛形成尊医重卫的良好氛围。**	第五条　国家对在医疗、预防、保健工作中作出贡献的医师，给予奖励。

《医师法》将每年8月19日定为中国医师节，这应当是所有医师的共同节日。之所以选定8月19日为中国医师节，是因为2016年8月19日“全国卫生与健康大会”在京召开。此次大会是近二十年来首次召开最高规格的全国性卫生工作会议，会议提出要“以人民为中心，以健康为根本。努力全方位、全周期保障人民健康”。此次会议对中国医疗卫生事业发展具有里程碑意义。

为了唤起全社会对医师这一特殊职业人群的尊重和关爱，比照教师节、护士节设立医师节，医务界和其他领域的热心人士酝酿已久。在多次全国人大和全国政协会议上，都有人大代表、政协委员联署呼吁设立医师节。2017年，原国家卫生和计划生育委员会将设立医师节的工作提上议事日程。在确定具体日期的问题上，各界人士提出了三个选择意见：第一个选择是6月26日。理由有两个，一是1965年6月26日毛泽东主席发出“把医疗卫生工作的重点放到农村去”的“6.26指示”；二是1998年6月26日《中华人民共和国执业医师法》经第九届全国人民代表大会常委会第三次会议审议通过，在我国卫生法治建设史上具有里程碑意义。第二个选择是3月4日。理由是这一天是我国“医圣”张仲景的生日。这是借鉴国际护士理事会为纪念南丁格尔为护理事业做出的贡献，将她的生日5月12日定为“国际护士节”的经验。第三个选择是2016年8月19日“全国卫生与健康大会”在京召开。经过反复

论证，全面综合考虑，多数人意见认为选择8月19日更具有鲜明的时代特征。最终原国家卫生和计划生育委员会选定了8月19日作为中国医师节的最终方案，并报国务院，申请批准设立中国医师节，于2017年11月3日正式获批。

设立医师节的意义：一是促进尊重。古今中外，全世界有两个职业备受尊重，一个是管生命的医师，一个是管发展的教师。尊医重卫、尊师重教是人类社会文明的具体体现。尊医不仅是尊重医师的职业，更是尊重生命。医师能够受到社会的尊重，体验到工作的价值，最终受益的一定是患者。二是促进关爱。随着广大民众健康需求的日益增长，医师面临着超负荷的工作压力；同时还要承受着复杂的医患关系、自身的终身学习与提升等方方面面的心理压力。因此，医师自身的健康状况应当引起全社会的重视。三是促进自律。设立医师节对行业自律有着积极的促进作用，全社会对医师的尊重和关爱在一定程度上起到了社会监督作用，促进了行业自律。

本条第2款沿用了《执业医师法》有关“对在医疗卫生服务工作中做出突出贡献的医师，按照国家有关规定给予表彰、奖励”的规定。

本条新增第3款以法定义务的形式将“全社会应当尊重医师。各级人民政府应当关心爱护医师，弘扬先进事迹，加强业务培训，支持开拓创新，帮助解决困难，推动在全社会广泛形成尊医重卫的良好氛围”确定为各级政府必须履行的法定职责。政府如有失职，将承担本法第六章规定的相应法律责任。

第四节 | 职称和岗位聘任制度的立法变化

我国现行的医学专业技术人员职称考评制度起源于二十世纪七十年代末。为了尽快赶上世界先进水平，我国鼓励医务人员对外交流、搞科研，设计了以职称外语考试、发表论文数量为评价标准的职称考评制度。这一制度运行到如今已四十多年，发挥了其积极作用，但也存在需要完善的问题。

首先，现行职称考评制度设计的前提不够科学。这一制度把所有的医务人员都推定为科研人员进行考核评价，这一推定无论是在理论层面上，还是在现实层面上都是不成立的。不仅在医疗行业，各行各业都是如此，能够真正从事科研工作的只是少数人。绝大多数医务人员可以是非常称职的临床医疗工作者，但不一定是科研人员。特别是在基层工作的医务人员，往往不具备从事科研工作的能力和条件。即使是在顶级的大医院里，多数医生、护理人员、医技人员也并不具备科研能力和条件。

其次，现行的职称考评方法不够合理。医务人员晋升职称必须要考外语、发表论文，其初衷是通过外语考试倒逼医务人员学外语，能够查阅外文资料，了解世界医学科学技术发展的动态，掌握新技术。但在现实中，临床医务人员能用上外语的机会往往没那么多。结果是医务人员与患者主动接触的时间少了，不愿意钻研临床技术，想尽各种办法通过外语考试，容易打击基层医务人员的积极性。2017年，国家人力资源主管部门取消了职称外语考试，但发表论文的要求还未取消。要想提职称就得写论文，而且还要公开发表在所谓“一定级别”的刊物上。笔者曾做了一个统计，目前我国公开发行的各类医学学术刊物有1100多种，涉及18个学科领域，其中核心期刊有586种。年发表论文总量近10万篇，但取得重大成果的论文比较少，其原因就在于此。医务人员临床工作做得再好，没有论文，一票否决。这容易导致医务人员轻临床、重论文的倾向。近两年来，国家科技部出重拳严厉查处了众多论文造假等学术不端行为，在此背景下，医务界也应当更加重视学术廉洁自律，职称考评制度也需要做出相应的调整和完善。

鉴于此，《医师法》将医师的专业技术职称设置、评定和岗位聘任提升为国家层面需要完善的制度，并且首次将职业道德、专业实践能力和工作业绩作为评定和岗位聘任的重要条件。明确提出科学设置有关评定、聘任标准，从而打破唯学历、唯论文的评价标准，减少不同地区、系统、部门之间的差异性和随意性。

《医师法》	《执业医师法》
第六条 **国家建立健全医师医学专业技术职称设置、评定和岗位聘任制度，将职业道德、专业实践能力和工作业绩作为重要条件，科学设置有关评定、聘任标准。**	第六条 医师的医学专业技术职称和医学专业技术职务的评定、聘任，按照国家有关规定办理。

《医师法》第6条规定的关键点，是建立健全医师医学专业技术职称设置、评定和岗位聘任制度，将职业道德、专业实践能力和工作业绩作为重要条件，其中，科学设置有关评定、聘任标准尤为重要。

2021年6月30日，人力资源和社会保障部、国家卫生健康委员会、国家中医药管理局联合发布了《关于深化卫生专业技术人员职称制度改革的指导意见》，提出了坚持德才兼备、以德为先，坚持实践导向、科学评价，坚持以用为本、服务发展的改革基本原则。把医德医风放在人才评价首位，充分发挥职称评价的“指挥棒”作用，鼓励卫生专业技术人员钻研医术、弘扬医德、匡正医风。科学设置评价标准，突出实践能力业绩导向，破除唯论文、唯学历、唯奖项、唯“帽子”倾向，鼓励卫生专业技术人员扎根防病治病一线。围绕用好用活人才，促进人才评价与使用相结合，满足各类用人单位选才用才需要，服务人民群众健康，服务健康中国战略。该意见从健全评价体系、完善评价标准、创新评价机制、促进评价与使用相结合、鼓励人才向艰苦边远地区和基层一线流动以及改进职称管理服务方式六个方面提出了具体改革内容。同时作为该意见的附件，颁布了《卫生专业技术人员职称评价基本标准》。针对现行的职称考评体系，该意见有了很大的突破，特别是对基层医务人员有了较大的倾斜。但是，在职称的类别等方面还有进一步改革和完善的空间。

对于如何才能实现“建立健全”，近两年来，笔者就我国临床医务人员专业技术职称考评制度的改革进行了深入细致的调查研究，广泛征求过各类临床医务人员的意见，根据临床医学科学的规律以及我国医疗资源的实际状况，参考其他国家通行的做法，建议：

第一，除高等医学院校、科研院所的直属附属医疗机构以及部分承担高等医学院校教学科研任务的非直属医疗机构内的少数从事教学、科研工作的医务人员保留现行的教学、科研专业技术职称外，其他所有从事临床医疗的人员取消现行的临床医疗专业技术职称，改为临床医疗职级。以临床医师系列为例，将临床医师的职级分为九级（或十二级），一级最高，九级（或十二级）最低；每一级又分为ABC三档。院士、国医大师等顶级临床大师的职级为一A；中专毕业的医士则为九C。大多数高年资的临床医师职级应该在五至四级。这样可以有效解决当前医疗机构级别不同，医务人员诊疗技术水平差别很大，职称却一样的现象。

第二，与住院医师培养制度、专科医师制度衔接，改革考核内容。还以临床医师为例，医学院校毕业生在国家定点住院医师培养基地经过系统的培养合格，在一级、二级医疗机构工作五年以上，可以报考专科医师。取得专科医师资格，专业技术资格就顶格了。而后可由医师协会每两年对其进行一次考核。考核内容不再以外语、论文为评价标准，而是以其对与临床医疗有关的法律、行政法规、规章、诊疗规范遵守的情况，医学人文知识掌握的水平，临床专业技术能力以及有无医疗过错等作为考核评价标准。考核合格，工资福利上浮一个职级档；考核不合格，降一个职级档。考核同时还要与医疗责任险的保险费率挂钩。这样可以真正引导医务人员主动接触患者、钻研临床诊疗技术、专心做好临床医疗工作，有效减少医疗过错。

希望《医师法》的有效执行，能够加速现行临床专业技术人员职称制度的改革，让临床医务人员将更多的精力投入到临床工作中，特别是要让基层医务人员有尊严、有奔头。

第五节 | 医师协会的立法变化

《医师法》第7条第1款在《执业医师法》有关“医师可以依法组织和参加医师协会”规定的基础上，将“等有关行业组织、专业学术团体”也纳入医师可依法组织和参加的社会团体。在此需要提醒广大医师注意的是，本条款的核心关键词是“依法”二字。简言之，医师若要组织社会团体必须依照国家有关社团管理的法律法规进行，不得私自为之。

本条第2款为新增条款，简要规定了医师协会的职责。

《医师法》	《执业医师法》
第七条 医师可以依法组织和参加医师协会**等有关行业组织、专业学术团体。** **医师协会等有关行业组织应当加强行业自律和医师执业规范，维护医师合法权益，协助卫生健康主管部门和其他有关部门开展相关工作。**	第七条 医师可以依法组织和参加医师协会。

我国医师协会分为全国性的中国医师协会和各省、自治区、直辖市地方性的医师协会，均为独立法人社团，无上下级隶属关系。

中国医师协会（Chinese Medical Doctor Association，CMDA），是依照《执业医师法》第7条的规定，于2002年1月9日经国家民政部登记注册，在北京正式成立的，是由执业医师、执业助理医师及单位会员自愿组成的全国性、行业性、非营利性群众团体，是国家一级协会、独立法人社团。

依照《中国医师协会章程》的规定，医师协会的办会宗旨是维护医师的合法权益，加强对医师的全方位培训，保证医师队伍建设的健康发展，发挥行业服务、协调、自律、维权、监督、管理作用，团结和组织全国医师遵守国家宪法、法律、法规和政策，弘扬以德为本，救死扶伤人道主义的职业道德，努力提高医疗水平和服务质量，维护医师的合法权益，为我国人民的健康和社会主义建设服务。

《中国医师协会章程》规定，医师协会的主要职责为：

（1）团结和组织广大医师，认真贯彻执行《医师法》，通过实践，认真总结经验，向政府提供反馈意见。

（2）实行行业自律性管理，制定医师执业规范。协助卫生行政部门建立医师考核体系，审查、认证医师执业资格，监督检查医师执业情况。积极探索医师队伍管理的新模式、新方法，加强医师队伍的建设。

（3）依法维护医师在执业活动中享有的合法权益。努力营造和谐有序的医疗环境和医疗秩序，更好地为人民健康服务。使医师的劳动得到全社会的尊重。

（4）开展对医师的医学终身教育。

（5）积极开展医学科普宣传教育，推广医学科普知识，反对和批判封建迷信、伪科学。

（6）关心和帮助农村、基层的卫生工作，促进其预防、医疗水平不断提高。

（7）开展业务咨询服务，兴办为会员服务的机构。介绍推广医、药新技术、新成果，创办杂志刊物，促进医学科学技术的进步和发展。

（8）开展与国际及港澳台地区的医学交流与合作，学习借鉴先进的管理经验，更好地为广大医师服务。

（9）表彰奖励在医疗、预防、保健工作中做出突出贡献的医师以及优秀的协会工作人员。

（10）调查并了解医师队伍的现状、要求和愿望。积极向政府提出建设性意见，更好地调动和发挥广大医师的积极性。

（11）努力争取和承办卫生行政部门委托的有关工作以及与本会宗旨有关的事宜。

随着我国医疗卫生体制改革的深入，我国医师队伍的管理，将由目前单一的卫生行政管理模式，逐步过渡到卫生行政管理和行业自律协同管理的模式。即打破医师单位所有制的人事管理模式，逐步实现医师的“组织管理、行业管理和执业管理”三分离。未来医师协会将会在行业管理中发挥越来越大的作用，推进我国医师队伍向国际化的管理模式迈出坚实的步伐。

《医师法》第2条以及此后的法律条文表述中，将《执业医师法》中的“医疗、预防、保健机构”统称为“医疗卫生机构”，使法律文字表述更加精炼。

由于《医师法》第2条有关医师的定义以及第4条各级政府卫生健康主管部门对医师管理的职权规定与《执业医师法》的规定没有实质性的变化，笔者不在此论述。为了便于读者全面学习《医师法》，在以后的章节中，对于《医师法》与《执业医师法》在内容上没有实质性变化的条款，笔者同样在每一章的最后予以列举，不再论述。

《医师法》	《执业医师法》
第二条　本法所称医师，是指依法取得医师资格，经注册在**医疗卫生机构**中执业的专业医务人员，包括执业医师和执业助理医师。	第二条　依法取得执业医师资格或者执业助理医师资格，经注册在医疗、预防、保健机构中执业的专业医务人员，适用本法。 本法所称医师，包括执业医师和执业助理医师。
第四条　国务院卫生健康主管部门负责全国的医师管理工作。**国务院教育、人力资源社会保障、中医药等有关部门在各自职责范围内负责有关的医师管理工作。** 县级以上地方人民政府卫生健康主管部门负责本行政区域内的医师管理工作。**县级以上地方人民政府教育、人力资源社会保障、中医药等有关部门在各自职责范围内负责有关的医师管理工作。**	第四条　国务院卫生行政部门主管全国的医师工作。 县级以上地方人民政府卫生行政部门负责管理本行政区域内的医师工作。

第三章

考试和注册的立法变化

第一节 | 考试的立法变化

考试（Examination）是一种严格的鉴定知识水平或技术能力的方法。考试作为中国历史上的“第五大发明”，历经1400余年的演进，从当年隋文帝以科举选拔官吏，到今天考试已成为世界各地广泛应用于各个领域，人员选拔和资格准入最为主要的措施和制度。虽然社会各界对考试的方式、内容、评价机制等存在不同的认识。但是，在目前的中国社会生活中，考试是无法替代的、自上而下建立起来的良性发展的制度，是举世公认的相对最公正的选拔人才、行业准入的手段。

为了确保医师质量，保障人民生命健康，实行医师执业资格考试制度至关重要，是从源头上管控医疗质量的关键，也是国际上医师行业管理的普遍做法。在制定《执业医师法》时，立法者认真总结和吸取了我国正反两个方面的经验和教训，借鉴国外的成功做法，以立法的形式确立了国家医师执业资格考试制度，并明确规定了报考医师执业资格或助理执业医师考试的条件，使中断了长达四十五年的医师资格考试制度得以恢复。二十多年的实践证明，实行医师执业资格统一考试制度，不仅保证了医师队伍的质量，杜绝不具有医师水平的人员混迹医师队伍，同时也促进了医学院校不断改进教学，提高办学质量，培养出适合我国国情和适应现代医学科学技术水平发展的医学人才。

一、报考条件的变化

《医师法》	《执业医师法》
第二章　考试和注册	第二章　考试和注册
第八条　国家实行医师资格考试制度。医师资格考试分为执业医师资格考试和执业助理医师资格考试。医师资格考试由省级以上人民政府卫生健康主管部门组织实施。 **医师资格考试的类别和具体办法，**由国务院卫生健康主管部门制定。	第八条　国家实行医师资格考试制度。医师资格考试分为执业医师资格考试和执业助理医师资格考试。 医师资格统一考试的办法，由国务院卫生行政部门制定。医师资格考试由省级以上人民政府卫生行政部门组织实施。
第九条　具有下列条件之一的，可以参加执业医师资格考试： （一）具有高等学校**相关医学专业**本科以上学历，在执业医师指导下，**在医疗卫生机构中参加医学专业工作实践满一年；** （二）**具有高等学校相关医学专业专科学历，**取得执业助理医师执业证书后，**在医疗卫生机构中执业满二年。**	第九条　具有下列条件之一的，可以参加执业医师资格考试： （一）具有高等学校医学专业本科以上学历，在执业医师指导下，在医疗、预防、保健机构中试用期满一年的； （二）取得执业助理医师执业证书后，具有高等学校医学专科学历，在医疗、预防、保健机构中工作满二年的；具有中等专业学校医学专业学历，在医疗、预防、保健机构中工作满五年的。

相对《执业医师法》关于参加执业医师资格考试报考条件的规定，《医师法》作了以下三点变动：

1.将《执业医师法》第9条第1项的“具有高等学校医学专业本科以上学历”改为“具有高等学校相关医学专业本科以上学历”。其中的关键词是“医学专业”变为“相关医学专业”。

按照教育部《学位授予和人才培养学科目录》的学科分类，医学专业为与数学、物理学、化学等学科专业并列的一级学科，下设11个二级学科类别，包括：1.基础医学类专业；2.临床医学类专业；3.口腔医学类专业；4.公共卫生与预防医学类专业；5.中医学类专业；6.中西医结合类专业；7.药学类专业；8.中药学类专业；9.法医学类专业；10.医学技术类专业；11.护理学类专业。在每一个二级学科下还设有若干个三级学科。

从《执业医师法》第9条“具有高等学校医学专业本科以上学历”字面上理解，只要具有上述医学专业及其下设11个二级学科专业的本科以上学历人员就具备报考资格。但是按照原国家卫生和计划生育委员会《医师资格考试报名资格规定（2014版）》第6条“学历审核”的规定，“基础医学类、法医学类、护理（学）类、医学技术类、药学类、中药学类等医学相关专业，其学历不作为报考医师资格的学历依据”。此规定与上位法的规定有出入。虽然《执业医师法》第8条有“医师资格统一考试的办法，由国务院卫生行政部门制定”的规定，但从严格意义上讲，只是授权卫生行政部门制定具体考务方面的规定，并未授权其限制报考的专业。《医师法》制定过程中，充分考虑到了此问题的严重性，在“医学专业”前加了一个“相关”限制词，其含义变为报考人员须具有与医师执业相关的医学专业本科以上学历。至于哪些专业属于“相关”范畴，第8条将认定权授予了国务院卫生健康主管部门，使语言逻辑严谨周延。

我国目前绝大多数医学院校实行的临床医学五年制或六年制的培养模式，是在二十世纪五十年代初从苏联引进的。这一培养模式的优点是办学规模大，培养周期短，专业化程度高；缺点是数理化等相关学科基础和人文素质相对薄弱，学生的知识结构和能力过于技术化。现行的医师执业资格考试制度也是依据这一培养模式设计的，即本科必须学医。即使已经取得硕士、博士研究生学历，按照《医师资格考试报名资格规定（2014版）》，须“以符合条件的本科学历和专业，于在学期间报考相应类别医师资格”，否则不予报考。

与苏联医学教育模式不同，欧美发达国家的医学教育模式一直沿用现代医学教育之父威廉·奥斯勒（William Osler，1849—1919）博士在十九世纪末担任美国约翰斯·霍普金斯大学教授、附属医院首任院长期间创立的长学制通识教育模式。这一医学教育模式最具代表性的是美国医学教育，不设本科医学专业，医学生不直接从高中毕业生中招收，而是从其他专业本科生中选拔学业优秀且适合学医的学生，转入医学院接受4—6年医学专业教育。威廉·奥斯勒创立这一医学教育模式的理念，是医学生不仅要有扎实的物理化学基础，还需要具备人文素质。因为医师职业与人的生命健康息息相关，培养医师必须走精英路线。这 培养模式的优点是学生基础扎实，人文素质高，科研能力强，适应现代医学科学技术发展变化快；缺点是培养周期长，办学规模小、成本高。近半个世纪以来，随着数学、物理学、化学、生命科学以及信息技术在医学领域的广泛应用，临床医学已不再是单纯的经验型学科，纵观当今世界医学科学领军人物，绝大多数都是欧美医学教育模式培养的结果。

为了推动医学教育与多学科融合，与世界一流医学教育模式接轨，培养有多学科背景的高层次复合型医学人才，经教育部批准，北京协和医学院于2018年开始启动了临床医学专业培养模式改革试点班，面向国内外高水平大学招收学科基础宽厚、热爱医学、个性心理特征适合学医、具备成为卓越医生潜质的优秀本科毕业生直接攻读医学博士学位，即所谓的“4+4”培养模式。按照《医师资格考试报名资格规定（2014版）》，这部分学生毕业后是不能报考医师执业资格的。对此，需要国家卫生健康主管部门针对这部分极少数的医学精英制定专项规定。

2.将《执业医师法》第9条第1项中的“在医疗、预防、保健机构中试用期满一年的”，改为“在医疗卫生机构中参加医学专业工作实践满一年”。所谓“试用期”是《劳动合同法》的概念，一般是指用人单位依照劳动合同约定对劳动者是否胜任劳动岗位，劳动者对用人单位是否符合自己的求职愿望，进行双向考查选择的期限。这与是否具备医师执业资格考试的必要条件没有必然的因果关系，立法者的初衷是要求报考者必须具有一年以上的临床医疗实践经历。《医师法》的这一改动使法律语言精准贴切。

3.去除了《执业医师法》第9条第2项“具有中等专业学校医学专业学历，在医疗、预防、保健机构中工作满五年的”规定，将参加医师资格考试的最低学历门槛由中专提升为大专。之所以提高报考资格最低学历门槛，是因为我国高等医学院校的办学规模在数量上已经能够满足招考的需求。同理，在《医师法》第10条有关参加执业助理医师资格考试的报考条件中，也去除了中等专业学校医学专业学历。

《医师法》	《执业医师法》
第十条　具有高等学校相关医学专业专科以上学历，在执业医师指导下，在医疗卫生机构中**参加医学专业工作实践满一年的**，可以参加执业助理医师资格考试。	第十条　具有高等学校医学专科学历或者中等专业学校医学专业学历，在执业医师指导下，在医疗、预防、保健机构中试用期满一年的，可以参加执业助理医师资格考试。

二、确认以师承方式学习中医者中医医师资格的变化

为了继承和弘扬中医药，保障和促进中医药事业发展，考虑到我国传统医学中以师承方式学习传统医学人员的特殊性，《执业医师法》中规定“以师承方式学习传统医学满三年或者经多年实践医术确有专长的，经县级以上人民政府卫生行政部门确定的传统医学专业组织或者医疗、预防、保健机构考核合格并推荐，可以参加执业医师资格或者执业助理医师资格考试”。如此规定，既解决了这部分人员的行医资格问题，同时也强化了相关机构的考核和管理责任。

2016年12月25日，第十二届全国人民代表大会常务委员会第二十五次会议表决通过《中华人民共和国中医药法》，并已于2017年7月1日起施行。这是我国首部促进、规范中医药事业发展的法律。该法第15条第1款规定：“从事中医医疗活动的人员应当依照《中华人民共和国执业医师法》的规定，通过中医医师资格考试取得中医医师资格，并进行执业注册。中医医师资格考试的内容应当体现中医药特点。”

鉴于中医学科的特殊性，中医文化的传承是润物细无声的，中医大师的产生也不可能采用培养西医的“流水线”作业法。现实中有大量的中医从业人员是经师承、家传等方式培养的，且这部分人往往术有专攻，在民间有较高的声誉。为了促进中医药事业的发展，深入挖掘中医药文化宝藏，在充分评估医疗安全风险的基础上，《中医药法》第15条第2款对以师承方式学习中医或者经多年实践，医术确有专长的人员，开辟了通过实践技能和效果考核可取得中医医师资格的途径，即“以师承方式学习中医或者经多年实践，医

术确有专长的人员，由至少两名中医医师推荐，经省、自治区、直辖市人民政府中医药主管部门组织实践技能和效果考核合格后，即可取得中医医师资格；按照考核内容进行执业注册后，即可在注册的执业范围内，以个人开业的方式或者在医疗机构内从事中医医疗活动”。

为了保证法律体系的一致性，《医师法》引用了这一规定。

《医师法》	《执业医师法》
第十一条　以师承方式学习中医满三年，或者经多年实践医术确有专长的，经县级以上人民政府卫生健康主管部门委托的中医药专业组织或者医疗卫生机构考核合格并推荐，**可以参加中医医师资格考试。以师承方式学习中医或者经多年实践，医术确有专长的，由至少二名中医医师推荐，经省级人民政府中医药主管部门组织实践技能和效果考核合格后，即可取得中医医师资格及相应的资格证书。** **本条规定的相关考试、考核办法，由国务院中医药主管部门拟订，报国务院卫生健康主管部门审核、发布。**	第十一条　以师承方式学习传统医学满三年或者经多年实践医术确有专长的，经县级以上人民政府卫生行政部门确定的传统医学专业组织或者医疗、预防、保健机构考核合格并推荐，可以参加执业医师资格或者执业助理医师资格考试。考试的内容和办法由国务院卫生行政部门另行制定。

第二节 | 注册的立法变化

注册（Register）是指向有关机关、团体或单位登记备案。执业注册是指依法取得执业资格的人员，通过国家有关机构的正式登记备案才能进行执业。注册的意义是便于政府有关部门或有关机构管理考查。

医师执业注册制度是世界通行的，是政府卫生行政主管部门对医师行医活动的一项重要监督管理制度。《医师法》第13条明确规定“国家实行医师执业注册制度”。经注册后，方可依照该法规定在医疗、预防或者保健机构中从事相应的医疗、预防或者保健业务。注册以医师考核结果为依据。对医师进行执业考核、注册，是促进医师不断汲取新的医学知识，保证医疗、预防、保健服务质量的重要手段。建立这一制度，有利于卫生健康主管部门加强对医师行医活动的管理。注册的内容包括注册的执业地点、执业类别、执业范围。未经注册从事常规医师执业活动，或虽已经注册取得医师执业证，但超出注册内容范围从事执业活动的，均以非法行医论处。造成患者损害等严重后果的，需承担相应的法律责任。

《医师法》	《执业医师法》
第十三条　国家实行医师执业注册制度。 取得医师资格的，可以向所在地县级以上地方人民政府卫生健康主管部门申请注册。医疗卫生机构可以为本机构中的申请人集体办理注册手续。 除有本法规定不予注册的情形外，卫生健康主管部门应当**自受理申请之日起二十个工作日内准予注册，将注册信息录入国家信息平台**，并发给医师执业证书。 未注册取得医师执业证书，不得从事医师执业活动。 **医师执业注册管理的具体办法，由国务院卫生健康主管部门制定。**	第十三条　国家实行医师执业注册制度。 取得医师资格的，可以向所在地县级以上人民政府卫生行政部门申请注册。 除有本法第十五条规定的情形外，受理申请的卫生行政部门应当自收到申请之日起三十日内准予注册，并发给由国务院卫生行政部门统一印制的医师执业证书。 医疗、预防、保健机构可以为本机构中的医师集体办理注册手续。

一、注册执业类别、范围的新规

《医师法》第14条在保留了《执业医师法》第14条有关“医师经注册后，可以在医疗卫生机构中按照注册的执业地点、执业类别、执业范围执业，从事相应的医疗卫生服务”内容的基础上，针对现实中的新问题，增加了三款内容。

《医师法》	《执业医师法》
第十四条　医师经注册后，可以在医疗卫生机构中按照注册的执业地点、执业类别、执业范围执业，从事相应的医疗卫生服务。 **中医、中西医结合医师可以在医疗机构中的中医科、中西医结合科或者其他临床科室按照注册的执业类别、执业范围执业。** **医师经相关专业培训和考核合格，可以增加执业范围。法律、行政法规对医师从事特定范围执业活动的资质条件有规定的，从其规定。** **经考试取得医师资格的中医医师按照国家有关规定，经培训和考核合格，在执业活动中可以采用与其专业相关的西医药技术方法。西医医师按照国家有关规定，经培训和考核合格，在执业活动中可以采用与其专业相关的中医药技术方法。**	第十四条　医师经注册后，可以在医疗、预防、保健机构中按照注册的执业地点、执业类别、执业范围执业，从事相应的医疗、预防、保健业务。 未经医师注册取得执业证书，不得从事医师执业活动。

1.为了促进中医药事业的发展，为民众提供优质便捷的中医以及中西医结合的服务，保障中医、中西医结合医师在非中医专科医疗机构或科室的执业权利，《医师法》第14条第2款规定：“中医、中西医结合医师可以在医疗机构中的中医科、中西医结合科或者其他临床科室按照注册的执业类别、执业范围执业。”从而避免了中医、中西医结合医师在非中医专科医疗机构或科室执业，按超注册范围执业非法行医论处尴尬情形的出现。

为了促进中西医结合，鼓励中西医师之间互相学习，取长补短，拓展中西医医师的知识面和诊疗技术手段，更好地为患者提供优质服务，《医师法》第14条第4款新增了“经考试取得医师资格的中医医师按照国家有关规定，经培训和考核合格，在执业活动中可以采用与其专业相关的西医药技术方法。西医医师按照国家有关规定，经培训和考核合格，在执业活动中可以采用与其专业相关的中医药技术方法”的规定，打通了中西医之间的隔阂。

2.《医师法》第14条第3款规定：“医师经相关专业培训和考核合格，可以增加执业范围。法律、行政法规对医师从事特定范围执业活动的资质条件有规定的，从其规定。”增加本款规定，主要是因为近二十年来，随着高科技先进诊疗技术的快速发展，临床医学学科之间交叉融合已成为普遍现象，如随着介入技术的发展，内科医师动刀的机会越来越多。本款的关键是医师要增加执业范围，须经过专业培训和考核合格。目前，国内承担专业培训和考核的机构主要是国家卫生健康、药品监督管理等国家行政主管部门认可的高等院校、医疗机构、专业学术团体以及专业行业协会。本款中的“法律、行政法规对医师从事特定范围执业活动的资质条件有规定的，从其规定”，主要针对的是如《母婴保健法》《精神卫生法》《职业病防治法》以及有关放射、麻醉执业管理等专门法律法规规定的一些特定范围的执业活动，必须由持有专门执业资质人员实施的情形，依照专门法律规定，其他人员不得实施，否则按非法行医论处。

二、多地点执业的新规

《医师法》将中共中央、国务院《关于深化医药卫生体制改革的意见》中，为了让广大民众享受到高水平高质量的医疗服务，打破计划经济时代遗留的医务人员单位所有制的框框，鼓励医务人员多地点执业的政策上升到了法律规范，新增第15条规定。

《医师法》
第十五条　**医师在二个以上医疗卫生机构定期执业的，应当以一个医疗卫生机构为主，并按照国家有关规定办理相关手续。国家鼓励医师定期定点到县级以下医疗卫生机构，包括乡镇卫生院、村卫生室、社区卫生服务中心等，提供医疗卫生服务，主执业机构应当支持并提供便利。** **卫生健康主管部门、医疗卫生机构应当加强对有关医师的监督管理，规范其执业行为，保证医疗卫生服务质量。**

本条规定的核心内容有以下两点：

1.将多地点执业的时间限制为“定期”的常态化执业行为。如每周固定时间到其他医疗机构出门诊、查房、做手术等，目的是便于执业的医疗机构及其所在地卫生健康主管部门对其执业行为的管理。不定期的如临时会诊、手术、抢救等不在本条规定调整范围。本条“医师在二个以上医疗卫生机构定期执业的，应当以一个医疗卫生机构为主，并按照国家有关规定办理相关手续”规定中的主执业地点即为注册地点，其他非主执业医疗机构是否需要增加注册执业地点，视该医疗机构的所在地而定。按照原国家卫生和计划生育委员会等2014年发布的《关于印发推进和规范医师多点执业的若干意见》有关医师多地点执业以省、自治区、直辖市为单位区域内一次注册有效的规定，非主执业医疗机构与主执业医疗机构同在一个区域的，无须增加注册地点。若不在同一个区域的，则应当到医疗机构所在地卫生健康主管部门办理增加执业地点的注册手续。

2.强化了卫生健康主管部门、医疗卫生机构对医师多地点执业的管理职责。即本条第2款规定的“卫生健康主管部门、医疗卫生机构应当加强对有关医师的监督管理，规范其执业行为，保证医疗卫生服务质量”。随着医疗卫生体制改革的深入，医疗机构人事制度改革也将逐步实现“组织管理、行业管理和执业管理”的三分离。组织管理是指医务人员被医疗机构聘任，就与该医疗机构建立了劳动人事关系，医务人员按约定的责权利履行职务，医疗机构按约定对其行为进行考核、监督、给予劳务报酬以及其他福利待遇和奖惩。对医务人员的准入、定期培训、考核、注册以及自律、维权将由行业协会（如医师协会、护士协会、药师协会等）承担。医务人员的执业监督管理则由医疗机构所在地卫生健康主管部门负责。

《民法典》第1218条规定：“患者在诊疗活动中受到损害，医疗机构或者其医务人员有过错的，由医疗机构承担赔偿责任。”此规定明确了医疗机构与医务人员的法律关系以及责任主体。医疗机构与医务人员在劳动人事关系层面，是雇主与雇员的关系，即医疗机构是雇主，医务人员是雇员。在诊疗行为管理层面，医疗机构是责任主体，医务人员是行为主体。医务人员必须在医疗机构这个平台上以医疗机构的名义实施诊疗行为，医疗机构承担着对医务人员诊疗行为合法合规的监管责任。因此，医疗机构应当教育全体医务人员牢固树立以医院名义行医的平台意识。医务人员实施诊疗行为，医疗机构收取费用，并向医务人员支付劳动报酬。医务人员履行职务期间发生的过错诊疗行为造成了患者的损害，由医疗机构承担赔偿责任。这就是民法学所称的替代责任（Alternative Liability），即员工履行职责实施违法违规行为，侵害他人权益，由负有监督管理责任者承担责任。对于存在重大过失的医务人员，医疗机构在赔偿后可以对其行使追偿的权利。外请其他医疗机构的专家来本医疗机构会诊、手术、指导工作，因其过错行为导致患者损害，依照《最高人民法院关于审理医疗损害责任纠纷适用法律若干问题的解释》第20条规定，“医疗机构邀请本单位以外的医务人员对患者进行诊疗，因受邀医务人员的过错造成患者损害的，由邀请医疗机构承担赔偿责任”。由此可见，医疗机构对医务人员的监管责任会越来越重。

本条法律还向全社会宣示，国家对医师定期定点到县级以下医疗卫生机构，包括乡镇卫生院、村卫生室、社区卫生服务中心等，提供医疗卫生服务，持积极鼓励的态度，且要求主执业机构应当支持并提供便利。

三、不予注册情形的变化

为了弘扬医师职业精神，促进医师执业廉洁自律，提高民众对医师执业行为的认可度，《医师法》在《执业医师法》原有的四种不予注册情形基础上，增加了受刑事处罚后“依法禁止从事医师职业的期限未满”和“因医师定期考核不合格被注销注册不满一年”的两项规定，再次提醒医疗机构管理者、地方政府卫生健康主管部门予以认真执行。

《医师法》	《执业医师法》
第十六条　有下列情形之一的，不予注册： （一）无民事行为能力或者限制民事行为能力； （二）受刑事处罚，刑罚执行完毕不满二年或者被**依法禁止从事医师职业的期限未满；** （三）被吊销医师执业证书不满二年； （四）**因医师定期考核不合格被注销注册不满一年；** （五）**法律、行政法规规定不得**从事医疗卫生服务的其他情形。 受理申请的卫生健康主管部门对不予注册的，应当**自受理申请之日起二十个工作日内书面通知申请人和其所在医疗卫生机构**，并说明理由。	第十五条　有下列情形之一的，不予注册： （一）不具有完全民事行为能力的； （二）因受刑事处罚，自刑罚执行完毕之日起至申请注册之日止不满二年的； （三）受吊销医师执业证书行政处罚，自处罚决定之日起至申请注册之日止不满二年的； （四）有国务院卫生行政部门规定不宜从事医疗、预防、保健业务的其他情形的。 受理申请的卫生行政部门对不符合条件不予注册的，应当自收到申请之日起三十日内书面通知申请人，并说明理由。申请人有异议的，可以自收到通知之日起十五日内，依法申请复议或者向人民法院提起诉讼。

此外，为了真正实现医师执业管理的法制化，《医师法》将《执业医师法》中所有国务院卫生行政部门规定的其他禁止情形均上升为法律法规规定的其他禁止情形，如第16条第5项“法律、行政法规规定不得从事医疗卫生服务的其他情形”。

《医师法》将《执业医师法》中有关当事人（申请人）“依法申请复议或者向人民法院提起诉讼”的条款删除。这一改动并非切断当事人依法寻求行政复议或司法救济的途径，而是因为我国《行政复议法》和《行政诉讼法》已经有明确规定。按照《立法法》的原则，作为医师执业管理的专门法，执法主体是各级政府卫生健康主管行政部门，故无须重复作出特别的规定。

四、注销注册，废止医师执业证书规定的变化

《医师法》	《执业医师法》
第十七条　医师注册后有下列情形之一的，注销注册，**废止**医师执业证书： （一）死亡； （二）受刑事处罚； （三）被吊销医师执业证书； （四）医师定期考核不合格，暂停执业活动期满，再次考核仍不合格； （五）中止医师执业活动满二年； （六）**法律、行政法规规定不得从事医疗卫生服务或者应当办理注销手续的其他情形。** **有前款规定情形的，医师所在医疗卫生机构应当在三十日内报告准予注册的卫生健康主管部门；卫生健康主管部门依职权发现医师有前款规定情形的，应当及时通报准予注册的卫生健康主管部门。准予注册的卫生健康主管部门应当及时注销注册，废止医师执业证书。**	第十六条　医师注册后有下列情形之一的，其所在的医疗、预防、保健机构应当在三十日内报告准予注册的卫生行政部门，卫生行政部门应当注销注册，收回医师执业证书： （一）死亡或者被宣告失踪的； （二）受刑事处罚的； （三）受吊销医师执业证书行政处罚的； （四）依照本法第三十一条规定暂停执业活动期满，再次考核仍不合格的； （五）中止医师执业活动满二年的； （六）有国务院卫生行政部门规定不宜从事医疗、预防、保健业务的其他情形的。 被注销注册的当事人有异议的，可以自收到注销注册通知之日起十五日内，依法申请复议或者向人民法院提起诉讼。

与《执业医师法》相比，《医师法》针对医师注册后发生应当注销注册情形的情况，对注销注册和废止职业证书的规定进行了两点改动。

（一）将《执业医师法》的“收回医师执业证书”改为“废止医师执业证书”。如此改动，是因为在现实中，医师注册后，一旦发生法定应当注销注册情形，准予注册的卫生健康主管部门很难从其本人或其亲属手中收回职业证书，原法律规定可操作性差。直接废止简便易行，而且任何组织或个人均可依照《医师法》第21条“县级以上地方人民政府卫生健康主管部门应当将准予注册和注销注册的人员名单及时予以公告，由省级人民政府卫生健康主管部门汇总，报国务院卫生健康主管部门备案，并按照规定通过网站提供医师注册信息查询服务”的规定进行查询和监督。

（二）新增第2款，“有前款规定情形的，医师所在医疗卫生机构应当在

三十日内报告准予注册的卫生健康主管部门；卫生健康主管部门依职权发现医师有前款规定情形的，应当及时通报准予注册的卫生健康主管部门。准予注册的卫生健康主管部门应当及时注销注册，废止医师执业证书"，规定了医师所在医疗机构、负有监管职责的非准予注册的卫生健康主管部门的报告或通报义务，准予注册的卫生健康主管部门应当及时注销注册和废止医师执业证书的义务。

五、新增无须办理相关变更注册手续的规定

《医师法》第18条第1款沿用了《执业医师法》有关医师变更执业注册事项的规定："医师变更执业地点、执业类别、执业范围等注册事项的，应当依照本法规定到准予注册的卫生健康主管部门办理变更注册手续。"第2款新增了无须办理相关变更注册手续的规定。此款规定可称为《医师法》与时俱进的一个亮点。

《医师法》	《执业医师法》
第十八条　医师变更执业地点、执业类别、执业范围等注册事项的，应当依照本法规定到准予注册的卫生健康主管部门办理变更注册手续。 **医师从事下列活动的，可以不办理相关变更注册手续：** **（一）参加规范化培训、进修、对口支援、会诊、突发事件医疗救援、慈善或者其他公益性医疗、义诊；** **（二）承担国家任务或者参加政府组织的重要活动等；** **（三）在医疗联合体内的医疗机构中执业。**	第十七条　医师变更执业地点、执业类别、执业范围等注册事项的，应当到准予注册的卫生行政部门依照本法第十三条的规定办理变更注册手续。

六、重新注册规定的变化

《医师法》针对中止医师执业活动二年以上或者本法规定不予注册的情形消失，申请重新执业的情形，将《执业医师法》第18条中"应当由本法第三十一条规定的机构考核合格"的法律条文之间的衔接语言，明确为"应当由县级以上人民政府卫生健康主管部门或者其委托的医疗卫生机构、行业组

织考核合格”，以便阅读执行。

《医师法》	《执业医师法》
第十九条　中止医师执业活动二年以上或者本法规定不予注册的情形消失，申请重新执业的，**应当由县级以上人民政府卫生健康主管部门或者其委托的医疗卫生机构、行业组织考核合格**，并依照本法规定重新注册。	第十八条　中止医师执业活动二年以上以及有本法第十五条规定情形消失的，申请重新执业，应当由本法第三十一条规定的机构考核合格，并依照本法第十三条的规定重新注册。

七、中医师个体行医的特别新规

《医师法》根据古往今来中医师个体行医的特点，为了保持国家法律体系的一致性，引用《中医药法》第15条第2款“以师承方式学习中医或者经多年实践，医术确有专长的人员，由至少两名中医医师推荐，经省、自治区、直辖市人民政府中医药主管部门组织实践技能和效果考核合格后，即可取得中医医师资格；按照考核内容进行执业注册后，即可在注册的执业范围内，以个人开业的方式或者在医疗机构内从事中医医疗活动”的规定，对此类人员的个体行医进行了特别规定。

《医师法》	**《执业医师法》**
第二十条　医师个体行医应当依法办理审批或者备案手续。 执业医师个体行医，须经注册后在医疗卫生机构中执业满五年；**但是，依照本法第十一条第二款规定取得中医医师资格的人员，按照考核内容进行执业注册后，即可在注册的执业范围内个体行医。** 县级以上地方人民政府卫生健康主管部门对个体行医的医师，应当按照国家有关规定实施监督检查，发现有本法规定注销注册的情形的，应当及时注销注册，废止医师执业证书。	第十九条　申请个体行医的执业医师，须经注册后在医疗、预防、保健机构中执业满五年，并按照国家有关规定办理审批手续；未经批准，不得行医。 县级以上地方人民政府卫生行政部门对个体行医的医师，应当按照国务院卫生行政部门的规定，经常监督检查，凡发现有本法第十六条规定的情形的，应当及时注销注册，收回医师执业证书。

《医师法》第三章与《执业医师法》无实质性变化的条款列举如下：

《医师法》	《执业医师法》
第十二条　医师资格考试成绩合格，取得执业医师资格或者执业助理医师资格，**发给医师资格证书。**	第十二条　医师资格考试成绩合格，取得执业医师资格或者执业助理医师资格。

第四章

执业规则的立法变化（上）

规则（Rule）是指某种运行活动中应当共同遵循的法则。广义上讲，规则是法定的、制度性的行为规范。医师执业规则，顾名思义就是医师在执业活动中必须遵守的法定规则。其主要内容包括在执业活动中应当享有的权利、需履行的基本义务和专项义务、禁止性的行为等，《执业医师法》对此作了相应的规定。随着医学科学技术的发展、医患关系和医疗环境的改变，《执业医师法》的部分规定已不能适应社会发展的需要；2021年1月1日起施行的《民法典》对医师在诊疗活动中需履行的专项义务进行了专门规定。《医师法》引用了这些规定，相比《执业医师法》内容更加丰富全面。

《医师法》确立的执业规则是包括所有未来将要成为医师的医学院校在校学生，已经取得医师执业资格的在业医师，甚至是从医多年的老专家和医学泰斗，无一例外都必须严格遵守的法定执业规则。医师执业规则中所列禁止性行为，是在诊疗行为中不能踩的红线，踩了就须承担相应的法律责任。对每一个医师而言，《医师法》“执业规则”一章是全法的重中之重，须认真学习执行。

第一节 | 权利和基本义务的立法变化

一、医师在执业活动中享有权利的立法变化

法律所称的权利（Right），是指法律赋予人实现其利益的一种力量。《医师法》第22条规定医师在执业活动中享有七项权利：

《医师法》	《执业医师法》
第三章　执业规则	第三章　执业规则
第二十二条　医师在执业活动中享有下列权利： （一）在注册的执业范围内，**按照有关规范**进行医学诊查、疾病调查、医学处置、出具相应的医学证明文件，选择合理的医疗、预防、保健方案； （二）获取劳动报酬，享受国家规定的福利待遇，**按照规定参加社会保险并享受相应待遇；** （三）**获得符合国家规定标准的执业基本条件和职业防护装备；** （四）从事医学**教育**、研究、学术交流； （五）参加专业培训，接受继续医学教育； （六）对所在医疗卫生机构和卫生健康主管部门的工作提出意见和建议，依法参与所在机构的民主管理； （七）**法律、法规规定的其他权利。**	第二十一条　医师在执业活动中享有下列权利： （一）在注册的执业范围内，进行医学诊查、疾病调查、医学处置、出具相应的医学证明文件，选择合理的医疗、预防、保健方案； （二）按照国务院卫生行政部门规定的标准，获得与本人执业活动相当的医疗设备基本条件； （三）从事医学研究、学术交流，参加专业学术团体； （四）参加专业培训，接受继续医学教育； （五）在执业活动中，人格尊严、人身安全不受侵犯； （六）获取工资报酬和津贴，享受国家规定的福利待遇； （七）对所在机构的医疗、预防、保健工作和卫生行政部门的工作提出意见和建议，依法参与所在机构的民主管理。

与《执业医师法》相比较,《医师法》的立法变化主要包括以下三项:

(一)在第22条第1项权利中增加了“按照有关规范”的限制性规定。以此强调医师对患者依法行使的诊疗权并不是无限的,而是有限的,须合法合规,否则不受法律保护。

(二)将《执业医师法》第21条第6项权利提升到了第2项,并增加了参加社会保险内容,即“获取劳动报酬,享受国家规定的福利待遇,按照规定参加社会保险并享受相应待遇”。此项调整的目的,一是强调内容的重要性,二是适应医疗市场的变化。在制定《执业医师法》时,我国大部分医疗机构属于政府差额拨款的公立事业单位,医务人员的身份属国家技术干部,享受相应的级别工资、公费医疗等工资福利待遇。二十多年过去了,随着市场经济的发展和不断完善,非公立医疗机构增多;原部分政府职能部门的性质和职能发生转变,其所属的医疗机构等事业单位也随之转制或转隶,医务人员的工资福利待遇进入了社会保障体系。为了保障医师的合法权益不受侵害,与国家社会保障法律体系有效衔接,《医师法》以立法形式确权。

(三)将《执业医师法》第21条第2项“按照国务院卫生行政部门规定的标准,获得与本人执业活动相当的医疗设备基本条件”的规定改为“获得符合国家规定标准的执业基本条件和职业防护装备”。这是在认真总结和吸取了2020年防控新冠肺炎疫情工作经验教训的基础上所确定的法定权利。

二、医师在执业活动中应履行的基本义务的立法变化

义务(Obligation),是指不可推卸的职责。在法律关系中,权利与义务相互对应,有权利就有相对的义务。义务是必须履行的,权利可以放弃,义务不能放弃。如果在执业活动中未履行法定义务,需承担相应的法律责任。

本节所谓的基本义务并非法律意义上的分类,是笔者为了论述的便利,将与法定权利对应的医务人员须共同履行的义务归纳为基本义务,以区别需特别论述的如“说明义务”“撰写医疗文书”等专项义务和禁止性行为。

《医师法》第23条规定了6项基本义务。其中每一项规定与《执业医师法》

的规定相比都有所调整：

《医师法》	《执业医师法》
第二十三条　医师在执业活动中履行下列义务： （一）**树立敬业精神，恪守职业道德，履行医师职责，尽职尽责救治患者，执行疫情防控等公共卫生措施；** （二）**遵循临床诊疗指南，遵守临床技术操作规范和医学伦理规范等；** （三）尊重、关心、爱护患者，依法保护患者隐私**和个人信息；** （四）努力钻研业务，更新知识，提高医学专业技术**能力**和水平，**提升医疗卫生服务质量；** （五）宣传**推广与岗位相适应的健康科普知识**，对患者及公众进行健康教育和**健康指导；** （六）**法律、法规规定的其他义务。**	第二十二条　医师在执业活动中履行下列义务： （一）遵守法律、法规，遵守技术操作规范； （二）树立敬业精神，遵守职业道德，履行医师职责，尽职尽责为患者服务； （三）关心、爱护、尊重患者，保护患者的隐私； （四）努力钻研业务，更新知识，提高专业技术水平； （五）宣传卫生保健知识，对患者进行健康教育。

（一）将“树立敬业精神，恪守职业道德，履行医师职责，尽职尽责救治患者，执行疫情防控等公共卫生措施”由《执业医师法》的第2项提升到第1项，既强调了重要性，又保证了职业精神和职业道德与法定义务的一致性。

（二）将《执业医师法》的“遵守法律、法规，遵守技术操作规范”，改为“遵循临床诊疗指南，遵守临床技术操作规范和医学伦理规范等”。首次以立法的形式将医学伦理规范与诊疗技术规范并列作为医师执业活动须履行的义务。令医师从主观上主动跳出固有的单纯技术化思维模式，转变以病为本的理念，树立以人为本的理念，尊重患者的人格权，“先看人，再看病”。

（三）将个人信息纳入与个人隐私并列的依法保护范围。这一规定源自《民法典》第1226条：“医疗机构及其医务人员应当对患者的隐私和个人信息保密。泄露患者的隐私和个人信息，或者未经患者同意公开其病历资料的，应当承担侵权责任。”在《民法典》颁布之前，个人信息是归在个人隐私中的，《民法典》将其单列，是为了适应信息技术迅猛发展的需要，突出个人信息的重要性。

隐私（Privacy）是指不愿意让他人知道的信息。隐私的内容主要包括身体秘密、私人空间和私人生活。其中私人空间（Personal Zone）是指属于自然人个人自己的如房间、日记、内心思想等不愿被任何人了解、知道的事务。私人生活（Personal Life）是指自然人享有的、在法律许可的范围内如日常生活、社会交往、亲属关系等按照自己的意志从事的活动。身体秘密（Body Secret）是指自然人不愿意被他人知晓的包括身体缺陷、残疾、疾病等生理、心理特征。隐私权（Right to Privacy）是指自然人享有的私人空间、私人生活、身体秘密、个人信息依法受到保护，不被他人非法侵扰、知悉、搜集、利用和公开等的一种人格权。隐私权是自然人的一项基本权利。对于隐私权的保护以及侵权责任，我国《宪法》《刑法》《民法典》《医师法》《传染病防治法》《精神卫生法》《基本医疗卫生与健康促进法》《个人信息保护法》等法律均有明确规定。保护自然人的隐私权，是法治社会对人的自由价值、尊严价值以及秩序价值的尊重之体现。

个人信息（Personal Information）是指记录并可识别自然人的自然身份和社会身份的资料。个人信息的内容主要包括：基本信息，如姓名、性别、年龄、身份证号码、婚姻状况、宗教信仰、职业、工作单位、收入、电话号码、家庭住址、电子邮箱地址以及家庭成员信息等个人基本信息；生物识别信息；社会保障和医疗保险账户信息；银行账户、密码等经济金融信息；社会关系和交往信息，如通讯录、通话记录、短信记录、应用软件聊天记录、个人视频、照片以及亲朋好友等信息；个人行为偏好等信息。个人信息分为一般个人信息和敏感个人信息。一般个人信息指的是可公开或泄露不会导致人格权益或财产权益受到损害的信息，如姓名、性别等；而一旦公开或泄露将会致人格权益或财产权益受到损害的信息即为敏感个人信息。

2021年8月20日，第十三届全国人民代表大会常务委员会第三十次会议表决通过《中华人民共和国个人信息保护法》，于2021年11月1日起施行。该法对包括个人信息的收集、存储、使用、加工、传输、提供、公开、删除等个人信息的处理作了严格规定。

由于医患关系的特殊性，医师通过诊疗活动掌握着患者的身体秘密、个人病史、家族病史、生活经历和习惯、活动轨迹、亲属关系以及个人信息资料，这些都是患者的重大隐私和个人信息，稍不注意就有可能泄露，侵害患者的权益。在诊疗活动中，常见的侵犯患者隐私权的主要情形有：

1.超出诊疗范围的需要，刺探患者的隐私，并泄露相关信息。特别是针对一些来就诊的如演艺人员、“网红”等知名人士，刺探其不为人知的个人信息，在朋友圈中炫耀传播，侵害其隐私权。

2.超出诊疗范围的需要，侵入患者身体，并泄露相关信息。此种情形主要为极少数医师，在诊疗活动中诱使患者接受超出其诊疗范围需要的身体检查。须排除医师依法对患者身体进行检查的行为。医师在诊疗活动中依据《医师法》以及其他诊疗规范规定，根据诊疗患者病情的需要，对患者身体进行相应的检查是医师依法享有的权利，不属于侵害患者的隐私权。

3.未经患者许可，公开其病历资料或个人信息。此类侵权行为最为常见，具体为：

（1）撰写论文、专著、教案引用病历资料，未删除或隐去患者的个人信息、照片未作防隐私外泄处理等。医师为了体现引用病历资料的真实性，在撰写论文、专著、教案，制作课件时，将患者的个人信息、照片直接引用，导致患者隐私和个人信息的泄露。近年来，多发的现象是学生翻拍老师上课的课件在朋友圈中传播，侵害患者隐私权。

医疗机构及其医务人员公开使用对疾病的流行病学调查、患者罹患疾病信息的统计资料、治疗和用药信息的追踪等不涉及患者个人真实身份信息的，不属于侵犯患者的隐私权。

（2）未经患者许可，将其病历资料、个人信息提供给新闻媒体、影视文学创作者，或者在自媒体上发表、在朋友圈中传播等。

（3）未经患者许可，将其个人信息提供给药品、医疗器械、保健用品等生产经营企业。在诊疗活动中，时有因诊疗康复需要，患者需自行购买自费药品、康复器械、保健用品等物品的情形。对此，医师可将生产经营上述用品企业的信息提供给患者，由患者自行选择生产经营企业联系购买，而不得将患者的信息提供给生产经营企业，让企业找患者销售。患者找企业的性质是主动寻求治疗康复，企业找患者的性质则是侵犯患者的隐私权。

4.未经患者许可，允许实习学生、参观人员等其他人员观摩。如果是为了满足必需的教学需要，通过音像技术手段为学生提供示教，须对能够辨识患者的身份信息进行必要的加密，防止患者的个人信息泄露。

近十余年来，为了维护医疗机构医疗安全秩序，维护医患双方的合法权益，按照国家卫生健康主管部门和治安管理部门的要求，医疗机构陆续安装了音像监控设备。有患者或者其亲属、律师、媒体等提出质疑，认为这有侵害患者隐私权之嫌。对此，医疗机构作为公共场所，完全可以比照商业场所、道路交通、居民社区等公共场所安装监控设施，医疗机构只要确保监控资料不外泄，就不涉及侵害患者和其他来源人员的隐私权。建议医疗机构在院区内张贴如“你已进入音像采集区域”字样的标识，面向所有来院人员公示告知本医疗机构装有音像采集设施。

《民法典》第1226条规定的内容源自《侵权责任法》第62条“医疗机构及其医务人员应当对患者的隐私保密。泄露患者隐私或者未经患者同意公开其病历资料，造成患者损害的，应当承担侵权责任”的规定。通过比较，显而易见，《民法典》将患者的个人信息纳入须保密的内容，将《侵权责任法》中“造成患者损害的”内容删除。这一加一减，扩大了医疗机构及其医务人员履行保护患者隐私义务的范围，降低了承担责任的门槛，须引起医疗机构管理者、医务人员高度重视。

综上，医师在执业活动中，应当认真学习和贯彻执行《医师法》的规定，树立保守患者隐私和个人信息的意识，避免侵权行为的发生。

（四）将“提升医疗卫生服务质量”作为“努力钻研业务，更新知识，提高医学专业技术能力和水平”的目的，列入医师的职业义务，引导医师将注意力拉回提升医疗服务质量的道路上来。

（五）将《执业医师法》的“宣传卫生保健知识，对患者进行健康教育”义务扩展为“宣传推广与岗位相适应的健康科普知识，对患者及公众进行健康教育和健康指导”。一般情况下，医师在执业活动中宣传普及医疗卫生知识，对患者及公众进行健康指导，无须投入巨大的精力，不过是举手之劳，但其效果却是显著的。不仅能够提高患者和公众医疗卫生知识水平，得到患者的积极配合，还能有效和谐医患关系，为自己营造良好的行医环境。

（六）增加了“法律、法规规定的其他义务”的联系条款。在《医师法》中，法律、法规规定的其他义务主要是指第24条至第33条规定的专项义务和禁止性行为。

第二节 | 亲自实施诊疗行为义务的立法变化

《医师法》第24条在保留了《执业医师法》“医师实施医疗、预防、保健措施，签署有关医学证明文件，必须亲自诊查、调查，并按照规定及时填写医学文书，不得隐匿、伪造或者销毁医学文书及有关资料”的规定外，引用《民法典》第1225条、第1222条有关病历管理和推定过错情形的规定，将病历从医疗文书中提出列举，增加不得“篡改或者擅自销毁”病历的规定。目的是强化医师的证据意识。

《医师法》	《执业医师法》
第二十四条　医师实施医疗、预防、保健措施，签署有关医学证明文件，必须亲自诊查、调查，并按照规定及时填写**病历等**医学文书，不得隐匿、伪造、**篡改或者擅自销毁**病历等医学文书及有关资料。 医师不得出具**虚假医学证明文件**以及与自己执业范围无关或者与执业类别不相符的医学证明文件。	第二十三条　医师实施医疗、预防、保健措施，签署有关医学证明文件，必须亲自诊查、调查，并按照规定及时填写医学文书，不得隐匿、伪造或者销毁医学文书及有关资料。 医师不得出具与自己执业范围无关或者与执业类别不相符的医学证明文件。

一、病历规范

病历（Medical Record）是记录患者接受诊疗过程中，医疗机构及其医务人员提供诊疗行为的全部文书材料。病历是医疗行为的载体，在法律上是证明诊疗行为有无过错的证据，甚至有可能是唯一的证据。

依照原卫生部颁布的《病历书写基本规范》之规定，病历的内容应当涵盖患者罹患疾病的发生、发展、变化，是医务人员对患者的问诊、检查、归纳、分析、诊断、治疗、护理等医疗过程形成的文字、符号、图表、影像、切片等资料的总和。病历包括门（急）诊病历和住院病历。

以医师的诊疗活动为视角，病历是探索疾病发生发展变化规律、预防和治疗疾病等临床医学实践工作的总结，对提高医疗质量、教学科研能力以及医院管理水平有着极其重要的意义。不论哪一层级的医师，写好病历不仅是依法履行职业义务，也是一个学习的过程，而且还是诊疗技术水平的具体体现。从法律视角看，病历是医患双方、法官、律师以及卫生行政管理部门、医疗纠纷调解机构处理医疗纠纷的事实依据。因此，医师须牢固树立证据意识，一笔一画、一字一句落在纸上，就是证据的形成，一定要按照《病历书写基本规范》《病历管理规定》，实事求是、严肃认真、严谨规范地撰写和管理病历资料。

《民法典》第1225条规定："医疗机构及其医务人员应当按照规定填写并妥善保管住院志、医嘱单、检验报告、手术及麻醉记录、病理资料、护理记录、医疗费用等病历资料。患者要求查阅、复制前款规定的病历资料的，医疗机构应当及时提供。"本条规定从病历书写和病历提供两个层面明确了医疗机构及其医务人员依法履职的义务。

医疗机构及其医务人员须严格按照原国家卫生部颁布的《病历书写基本规范》《病历管理规定》书写和保管病历资料。

在诊疗活动中，病历书写存在的问题很多也很普遍，往往从最基础的患者姓名、性别开始就出错。如某医生由于写患者姓名时使用了同音字，发生医疗纠纷后，患方的律师以患者姓名写得不对，不是该患者的病历为由，拒绝承认病历的证明效力。法官认为公民的姓名权受法律保护，医生写错患者姓名，又没有其他证据能够证明是该患者的病历，推定医疗机构及其医务人员有过错。门诊病历过于简化，不记、漏记。住院病历除与门诊病历共同存在的问题外，最为突出的是前后矛盾，医嘱上有的内容病程记录上没有、没有相应的检查报告单支持等，导致证据的各个组成部分不能相互印证，从而失去证据效力。病历记录过于简化，"张冠李戴"，误记、谎记，涂改、伪造、遗失等违规情形也时有发生。据有关机构统计，在医疗纠纷案件中，涉及病历书写保管的占60%左右，排第二位。[①]其后果的严重性不言而喻。

① 孙东东：《〈民法典〉医疗损害责任立法变化的学习与应用》，载《中华医学杂志》2021年第19期，第1399页。

“人非圣贤，孰能无过”，医师在病历记录过程中出现失误，确实难以完全避免。发现病历记录错误，应当依照《病历书写基本规范》第7条“病历书写过程中出现错字时，应当用双线划在错字上，保留原记录清楚、可辨，并注明修改时间，修改人签名。不得采用刮、粘、涂等方法掩盖或去除原来的字迹”的规定进行修改。如果需对以往记录的内容大篇幅修改，则应当在修改当日的病程记录中对修改内容进行补正说明。如“×年×月×日病程记录有××问题，应为××，现予以补正”。科室主任和上级医师有审查修改下级医师书写的病历的责任。医疗机构医疗质量监督管理部门、病案管理部门对全院的病历质量负有监管责任。科室主任和上级医师发现下级医师病历记录有误，应当及时责令下级医师按规定修改补正，或直接在病程记录中进行补正说明。

二、禁止出具虚假医学证明文件的新规

《医师法》第24条第2款在《执业医师法》有关“医师不得出具与自己执业范围无关或者与执业类别不相符的医学证明文件”的基础上，增加了“医师不得出具虚假医学证明文件”的禁止性行为的规定，以此强化医师遵纪守法的诚信意识。法律上认定出具虚假医学证明文件须同时满足行为人主观故意和文件内容与客观事实不符两个条件，缺一不可。医师在诊疗活动中出具虚假医学证明文件，主观故意的动机分为恶意和善意两种。恶意的是指那些为了过度诊疗、多收费，甚至骗保等获得非法利益，出具虚假医学证明文件的行为。此行为性质恶劣，属国家严厉打击之列，一旦发生，后果极其严重。善意的是指医师出于某种对患者的同情、怜悯之心，应患者或者其亲属的要求出具虚假医学证明文件的行为。最常见的情形是精神科医师，面对青年大学生严重精神病患者，出于对其学籍、未来就业等因素的考虑，应患者或者其亲属的要求，出具非罹患严重精神疾病的医学证明文件。此行为的动机虽然是好的，但行为定性仍然是“出具虚假医学证明文件”，而且此行为的风险极高，一旦因此引发医疗纠纷、患者的异常精神活动危害公共安全等，医师有可能要承担出具虚假医学证明文件的法律责任。在此特别提醒医

师注意,《医师法》此项禁止性行为的规定是刚性的，必须遵守。医疗机构应当将此规定纳入对医师诊疗行为严格监督管理的范畴，同时，医疗机构负责人不得命令、胁迫医师出具虚假医学证明文件。医师如果遇到因患者或者其亲属、其他人员要求出具虚假医学证明文件，且自身安全受到威胁的情况，应及时拨打“110”报警电话向公安机关求助。

如果是因为医师诊疗水平有限，或者违反诊疗规范导致误诊、漏诊而出具错误医学证明文件，因医师的行为无主观故意，其性质不属于出具虚假医学证明文件。若因此造成患者损害，可依照《民法典》医疗损害责任的规定，承担相应的民事侵权责任。

第三节 ┃ 说明义务的立法变化

《医师法》第25条针对医师在诊疗活动中的说明义务，直接引用了《民法典》第1219条第1款的规定。

《医师法》	《执业医师法》
第二十五条　医师在**诊疗活动中应当向患者说明病情、医疗措施和其他需要告知的事项。需要实施手术、特殊检查、特殊治疗的，医师应当及时向患者具体说明医疗风险、替代医疗方案等情况，并取得其明确同意；不能或者不宜向患者说明的，应当向患者的近亲属说明，并取得其明确同意。**	第二十六条　医师应当如实向患者或者其家属介绍病情，但应注意避免对患者产生不利后果。 医师进行实验性临床医疗，应当经医院批准并征得患者本人或者其家属同意。

一、知情同意权与说明义务

知情同意权（Informed Consent）又称知情选择权（Informed Choice），是指某人为了实现某种利益，寻求知晓对其中各项事务权衡利弊，作出选择的力量。知情同意权由知情权和同意权两个密切相连的权利组成。知情是权利，选择是过程，选择的结果是同意或不同意。知情同意权对应的是相对民事主体的说明义务（Demonstrative Obligation），即拥有知情权的主体要求相对主体履行与之相关的说明职责。

说明义务既可以是约定的，也可能是法定的。依照《医师法》第25条的规定，在诊疗活动中，患者享有知情同意权，对应的是医疗机构及其医务人员法定的说明义务。

《执业医师法》《医疗机构管理条例》《医疗事故处理条例》在描述医务人员的此项义务时选用的动词是“告知”或“介绍”。《侵权责任法》《民法典》《医疗纠纷预防和处理条例》以及《最高人民法院关于审理医疗损害责任纠纷案件适用法律若干问题的解释》选用的是“说明”。从字面上理解，“告知”和“介绍”强调的是行为的过程，即医务人员是否实施了告知行为。“说明”则更加强调行为人的行为结果，即医务人员不仅要实施说明行为，还要有把对方说明白的结果。以法律责任构成为视角，使用“说明义务”较“告知义务”更为精当贴切。

在临床诊疗活动中，常常挂在医师嘴边的一句口头语是：“跟他说，他也听不明白。”这句话反映出医师对依法履行职业义务和患者权利的轻视。医师向患者说，但患者听不明白，是其认知水平问题，医师不承担任何责任。但医师不向患者说，则违反法定的职业义务，须承担相应的法律责任。强调患者的知情同意权，是为了解决医患法律关系中医方占有医学科学技术的绝对优势，患方只能被动服从的不平衡。通过规范医师的诊疗行为，要求医师依法履行说明义务，使患者在了解自己将面临的风险、付出的代价和可能取得的收益基础上作出选择，防止医师不恰当地行使诊疗权导致患者的生命健康权受到损害，能从程序上平衡医患法律关系，维护医患双方的合法权益。在诊疗活动中，因医师说明义务引起的纠纷屡见不鲜，据有关机构统计，在引发医疗纠纷的起因中，涉及说明义务的占到60%—70%，排第一位。[①]强调说明义务的重要性不言而喻。

二、说明的对象

（一）患者本人

《医师法》的上述规定显而易见，说明的对象首先是患者本人。法律之所以如此规定，是充分考虑到了临床实际的各方面因素，将法、理、情融为一体。诊疗行为所维护的是患者的生命健康权，病在患者身上，药用到患者身上，刀开在患者身上，患者比任何人都更明白生命健康的重要意义。因此医师在诊疗活动中理所当然应先向患者说明，并征得患者的同意。

---

① 孙东东：《〈民法典〉医疗损害责任立法变化的学习与应用》，载《中华医学杂志》2021年第19期，第1393页。

（二）不能或不宜向患者说明的主要情形

在诊疗活动中不能或不宜向患者说明的主要情形有以下四种。

1.保护性医疗措施

保护性医疗措施是指医务人员在诊疗活动中发现患者罹患如恶性肿瘤等严重疾病，出于对患者的保护，对其隐瞒病情真相，向其近亲属说明。此种情形法律没有硬性规定，由医师视具体情况而定。如经过一般交流，发现患者人格健全、性格开朗，甚至还能做到处变不惊，对于此类患者，可以直接向其说明。否则应当考虑患者属于不宜说明的对象，而向其近亲属说明。若患者只有一名近亲属，而且还是年幼的未成年人、无行为能力的残障人员或失能人员、有严重的人格缺陷等情形，则只能向患者本人说明。

2.患者是未成年人

不满18周岁的自然人为未成年人。在临床诊疗活动中，针对未成年人履行说明义务的情形比较复杂，须根据其年龄和民事行为能力而为之。

所谓民事行为能力（Capacity for Civil Conduct），是指民事主体以自己独立的行为参与民事活动，取得民事权利、承担民事义务的资格。判断一个自然人有无民事行为能力，需考查此人主观上对自己行为的性质、后果的辨认能力。民事行为能力的核心是意思表达（Meaning expression）合乎其本意，自我保护能力良好。影响自然人民事行为能力的因素主要是行为人的年龄、心智状况、意识清晰度等。《民法典》第18条至第21条按照年龄段，将未成年人的民事行为能力分为以下三种情形：

（1）不满8周岁的未成年人为无民事行为能力人，由其法定监护人代理其实施民事法律行为。简而言之，患者不满8周岁，说明的对象是其监护人。

（2）年满8周岁不满18周岁的未成年人为限制民事行为能力人，可以实施纯获益的或者与其年龄心智状况相当的民事法律行为，其余的由其监护人代理或经监护人同意、追认。在诊疗活动中，医师针对这部分未成年患者履行说明义务需视具体情况区别对待。患者若病情一般、沟通良好、只需实施常规诊疗的，可直接向其说明并取得其明确同意，且详细记录病历。若病情危重或须实施如外科手术等高风险诊疗措施的，则需向其监护人说明并取得其明确同意。在诊疗活动中，时有寄宿制学校的中小学生患病、受伤，因其父母不在身边，由老师和同学送来医院就诊的情形。对此情形，经治医师不得自作主张，应当按照《民法典》第1220条和《医师法》第27条的规定，先上报所在医疗机构负责人或授权负责人，经批准后方可实施相应的医疗措施。若因患儿病情特殊，或者患儿是亲属不在身边的外籍来华人员，或者是未成年人怀孕等极其特殊情形，医疗机构应当拨打“110”报警电话向公安机关求助。

（3）年满16周岁不满18周岁，以自己的劳动收入为主要生活来源的，如城镇外来务工人员、部队的士兵、身在异地求学的寄宿制高等学校在校学生等，可视为完全民事行为能力人，直接对其说明。

随着人民生活水平的提高，未成年人的生理发育越来越好，年貌不相当已成为一种普遍现象。对此医疗机构及其医务人员应予以留意，必要时应当认真核验患者的自然身份信息，防止“以貌取人”，轻易实施诊疗行为，避免不必要的纷争。

3.患者是精神病人或者严重的智障者

在临床诊疗活动中，对于严重的智障者容易直观辨认，而且通过简单的交流就能判断是否可以向其说明。但对于精神病人的判断就相对困难。在日常生活中，包括部分精神分裂症、双相情感障碍的重性精神病患者在内，只要不涉及精神症状，患者与正常人没有区别，非精神医学专业的医师很难鉴别。对此，建议非精神医学专业的医师在诊治疑似精神障碍患者的躯体疾病时，对于患者对自己躯体疾病的陈述符合同类躯体疾病病患陈述的一般规律，沟通良好，能够配合诊疗的，可以向其说明。若患者对自己躯体疾病的陈述有如幻觉、妄想等精神症状的表现，无法正常交流的，便不宜向其说明。

4.患者意识障碍或者是其他失能者

患者处于昏迷、谵妄状态、朦胧状态等意识障碍状态，或者患者是失能老人、处于各种成瘾者的戒断状态等，无法与人正常交流，则不能向其说明。

（三）患者近亲属的范围

关于患者近亲属的范围，《民法典》将自然人的近亲属限制在祖孙三代四类人：

1.配偶。

2.父母、子女。包括养父母、养子女、继父母、继子女。

3.兄弟姐妹。包括血亲的、姻亲的、收养的兄弟姐妹。

4.祖父母、外祖父母、孙子女、外孙子女。包括养祖父母、养外祖父母、养孙子女、养外孙子女，继祖父母、继外祖父母、继孙子女、继外孙子女。

上述患者近亲属的顺序，也是医师必须了解的向患者近亲属履行说明义务的顺位。

当患者的意见与其近亲属的意见不一致时，原则上应当以患者的意见优先。如果患者的意见不利于自己的生命健康，需视具体情况采纳其近亲属的意见。

三、说明的内容、时间、程度和明确同意

（一）说明的内容

《医师法》明确规定说明的主要内容包括患者的病情、诊疗措施、医疗风险和替代医疗方案。

1.患者的病情

医师在诊疗活动中须向患者或者其近亲属说明对患者所罹患疾病的诊断、性质、变化及预后估计、注意事项等有关患者病情的事项。目前绝大多数医师能够履行向患者说明病情的义务，但存在的问题是说明不到位，使患者不能对自己所罹患疾病的转归有确切的认识，一旦未达到其预期治疗效果，便产生本可以完全避免的纠纷。

2.诊疗措施

医师向患者说明诊疗措施的内容包括各种检查、治疗措施，药品、植入体内的器械、医用耗材、血液及其制品以及各种所需的辅助用品等的使用方法、注意事项、收费类别和收费标准等。近年来，由于医疗保险报销制度和医政监督管理制度变化，医师履行说明义务的负担较过去明显加重。对此，

医师不要有抵触情绪，要多与患者或者其近亲属沟通，做好有关制度的说明解释工作，争取患者或者其近亲属更多的理解，要相信绝大多数的患者和家属是通情达理的。

3. 医疗风险

风险（Risk）是指行为结果的不确定性。医疗风险（Medical Risk）即医疗行为结果的不确定性。在所有的自然科学中，医学的风险性是排首位的。因为医学是反人类自然转归的，不符合“物竞天择，适者生存”的自然选择法则，而且任何医疗行为对人体都有损害，哪怕是皮肤上涂抹碘酒，对皮肤也有刺激，只是两害相权取其轻。虽然近五十年来，数学、物理学、化学、生命科学等学科的快速发展带动了医学科学的发展，人的平均寿命有了很大提高，但是生命的自然结局依旧，医学科学本身并没有发生质的改变，诊疗行为的风险性也未随之减小，反而是新的技术又带来了新的风险。因此，要教育全体医务人员，牢固树立风险意识，把风险尽可能想在前面，多与患者或者其近亲属沟通，取得理解。

4. 替代医疗方案

医师在向患者或者其近亲属说明包括用药、手术等具体诊疗方案时应多列出几种替代方案，帮助患者或者其近亲属进行利弊分析，最后根据患者的病情和现有条件给出意见建议。

（二）说明的时间

《医师法》第25条在文字表述中，用副词“及时”界定了说明的时间。此处的“及时”应当是立即或者随时的意思。医师在诊疗活动中履行说明义务时，除须按常规说明外，还需动态地针对患者的病情变化、调整诊疗方案等情形立即或者随时说明。这充分体现了患者生命健康权至上的立法理念。

在当下因医师未尽到说明义务引起的医疗纠纷中，说明不及时排在首位。其主要原因之一是医务人员诊疗水平有限，或工作马虎未及时发现患者的病情变化。之二是医务人员疏忽大意或者过于自信未能及时说明。无论何种原因、何种理由，医师未尽及时说明义务，造成患者损害的，均需承担相应的法律责任。医疗机构应将医务人员履行及时说明义务纳入医疗质量监控管理的范畴，严格落实三级查房、三级检诊制度，着力提高医师的诊疗水平，杜绝医生查房不进病房，站在门口问几句的现象；建立健全医师随患者病情变化、术中变更术式等及时说明的监管制度，最大限度维护医患双方的合法权益，减少患者的损失。

（三）说明的程度

上文已述，《民法典》选用“说明”一词，强调了医务人员不仅要实施说明行为，还要有把对方说明白的结果。最高人民法院原《侵权责任法》研究小组，在2010年1月出版的《〈中华人民共和国侵权责任法〉条文的理解与适用》一书中，针对医务人员说明程度的标准有一段精辟的学理解释，即以“对患者行使知情同意权所必须掌握的信息是否足以使其作出正当合理的判断为标准”。此处副词“足以”的词义是“完全可以”。从理论上讲，完全可以使患者作出正当合理判断的内容应当是说明得越全面、越充分越好。但在诊疗活动中，医学科学的特殊性、地区医疗资源的差异、医师的技术水平参差不齐等诸多因素，决定了医师的说明义务只能是有限义务。因此，对医师履行说明义务的问题，在医疗机构内部医疗质量监控管理层面应当高标准严要求，但在法律层面不应当机械地过分苛求。如若过分苛求，医师必然会为了规避责任，没完没了、无穷无尽地向患者或者其近亲属说明，事事都须取得患者或者其近亲属的明确同意。虽然在法律层面似乎诊疗程序上的正义趋于完善，但却淡化了程序正义为实施诊疗技术实体服务的目的，降低了诊疗技术实施的效率，必将导致患者无法得到及时有效的诊疗，延误病情。医患关系会进一步恶化，最终受害的还是患者。法治的精神和意义也将随之失去。

综上所述，为了保证患者能够得到及时有效的诊疗，维护医患双方的合法权益，不让医务人员陷入法律与事实两难的尴尬境地，医师在诊疗活动中，依法履行说明义务的程度底线，应根据患者的具体情况，分三个层面区别对待。第一，对于一般常识性的问题，可只作一般性的说明，无须过分强调。但对于有“碰瓷”嫌疑的，还应提高警惕，注意留存证据，必要时拨打“110”报警电话报警。第二，对于患者病情不十分严重、预后良好，只需要实施常规诊疗技术的，以一般患者能够理解、配合的说明程度为宜。第三，患者病情危重、预后不良，或者诊断尚未明确需进一步观察等病情特殊的，或者需要及时转诊的，或者需要实施高风险的特殊诊疗措施的，或者术中发现新的严重病症以及术后需要特别注意的问题的等各种需要患者或者其近亲属特别关注的问题，应当详细说明。

（四）明确同意

《民法典》第1219条将《医疗机构管理条例》《医疗事故处理条例》《执业医师法》《侵权责任法》以及《医疗纠纷预防和处理条例》规定的“签署书面意见”或者“书面同意”，改为“明确同意”。这一改动扩大了同意形式的范围，除传统的纸质知情同意书外，音像资料、证人证言等也被纳入明确同意的范围，从而解决了诊疗活动中部分患者或者其近亲属拒绝签署书面意见的问题。但这并不意味着“书面同意”不重要了，“书面同意”仍然是“明确同意”的最重要的形式，医疗机构及其医务人员万万不可忽视。

为了体现尊重患者的知情选择权，书面同意意见的名称，应当由以往使用的“同意书”改为“志愿书”，如“手术志愿书”“麻醉志愿书”“剖腹产志愿书”等。“同意”是被动决定，“志愿”是主动选择。在患者或者其近亲属签署的志愿书中，还应有类似“我所罹患疾病的病情、可能发生的并发症、不良自然转归，将要采取医疗措施、医疗风险、替代医疗方案等情况，医师已详细说明，我已完全了解。我志愿接受××治疗”的文字表述。

曾有律师提出，患者或者其近亲属所签署的知情同意书，是医院单方制定的格式合同文本，依照原《合同法》和《消费者权益保护法》的规定，在发生纠纷时，处理上应当有利于非制定格式合同文本的一方。因此，认为知情同意书没有法律效力。持此观点的人，是对医患法律关系的特殊性缺乏了解。医师的说明义务与患者的知情同意权不是合同约定的，而是法律规定的。知情同意书不属于格式合同范畴。知情同意书是记录医疗机构及其医务人员依法履行说明义务，患者行使知情选择权的法定医疗文书。发生纠纷时，依照《最高人民法院关于审理医疗损害责任纠纷案件适用法律若干问题的解释》第5条第1款的规定，知情同意书还是医疗机构必须提交的证据材料，且一旦被人民法院采信，便具有证据效力。在此提醒医疗机构及其医务人员千万不要受上述错误观点误导，要严格依法依规做好患者或者其近亲属签署知情同意书的工作。

四、未尽说明义务的主要情形

医师在诊疗活动中未履行说明义务的主要情形包括：

（一）未履行说明义务

医师未履行说明义务的主观心态主要有：忙中出错，没有说明；患者或者其近亲属不配合，没有说明；想当然认为患者或者其近亲属应当能够知晓，没有说明；"跟他说，他也听不明白"，故意没有说明。不论因何种原因而未履行说明义务，造成患者损害的，医疗机构都应承担赔偿责任。

（二）未履行充分说明义务

未履行充分说明义务的情形主要有：未说明治疗过程中的并发症、不良自然转归、药物的毒副作用、手术中扩大手术范围、变更术式、手术后必要的复查等。

（三）错误说明

医师由于疏忽大意，过于依赖各种仪器设备的检查结果，未对患者的身体进行认真检查，错误地说明了患者病情、医疗方案的成功率、副作用等。

（四）迟延履行说明义务

最常见的情形是医师未及时履行转诊说明义务，导致患者错过治疗的最佳时机。

（五）虽然履行了说明义务，但未取得患者同意而实施诊疗行为

说明的目的是取得患者或者其近亲属的同意。如果医师虽然履行了说明

义务，但是没有取得患者或者其近亲属的同意，或患者或者其近亲属虽然口头同意了，但没有签署书面意见，也未留有音像资料，医师就实施诊疗行为的，仍然有可能构成侵权行为。

（六）虽然履行了说明义务，但说明的语言逻辑不清、用词不当，产生歧义

例如，某地一医师在患者的门诊病历记录中写道“向病人交代病情，随访”。患者后因出现不良后果起诉医院。法院认为，所谓“随访”是指医师对离院患者的追踪查访。患者主动寻求医疗救助，医师坐等患者上门，应称为“随诊”。该医师未主动追踪查访患者，未履行自己对患者的承诺，未尽随访义务，患者出现不良后果，医师的行为存在过错，医疗机构应承担赔偿责任。笔者认为，本案法院的判决完全正确，这提示医师不但要努力提高诊疗技术水平，还应当着力加强语言文字的修养。

针对医疗机构及其医务人员未履行或者未适当履行说明义务的诉讼，《最高人民法院关于审理医疗损害责任纠纷案件适用法律若干问题的解释》第5条规定：“患者依据民法典第一千二百一十九条规定主张医疗机构承担赔偿责任的，应当按照前条第一款规定提交证据。实施手术、特殊检查、特殊治疗的，医疗机构应当承担说明义务并取得患者或者患者近亲属明确同意，但属于民法典第一千二百二十条规定情形的除外。医疗机构提交患者或者患者近亲属明确同意证据的，人民法院可以认定医疗机构尽到说明义务，但患者有相反证据足以反驳的除外。”

在诊疗活动中，医务人员未尽说明义务，存在侵害患者知情同意权行为，但并未造成患者损害的，《最高人民法院关于审理医疗损害责任纠纷案件适用法律若干问题的解释》第17条规定：“医务人员违反民法典第一千二百一十九条第一款规定义务，但未造成患者人身损害，患者请求医疗机构承担损害赔偿责任的，不予支持。”此规定显示最高人民法院在制定司法解释时，充分考虑到了医务人员的说明义务属于有限义务的特征。

在诊疗活动中，除上述未尽法定说明义务的情形外，医师在履行说明义务时的语言表述不清晰、态度不好、语气生硬、简单敷衍不耐烦等非法律因

素导致的纠纷也占有相当比重。患者对医师的服务态度不满，常常是其投诉的唯一原因。因此，医疗机构及其医务人员需对此予以高度重视，要教育全体医务人员不仅要依法履行说明义务，还要转变以病为本的理念，树立以人为本的理念。医务人员面对的每一个患者或者其近亲属都是有血有肉、活生生的、生活在现实社会中的自然人。每一个人的成长经历、家庭背景、受教育程度、生活习惯、民族习俗、宗教信仰、职业类别、经济层级、社会交友、风险偏好等社会文化背景因素千差万别。其中任何一个因素，都有可能成为影响医务人员依法履行说明义务、产生医疗纠纷的诱发因素。医务人员针对社会现实，应当将以人为本的理念落实在“先看人，再看病”上，积极探索和归纳与不同类型患者的沟通技巧，最大限度地体现尊重人、关怀人、爱护人的人文关怀，减少类似医疗纠纷的发生。

第五章

执业规则的立法变化（下）

第一节 | 开展药械临床试验和科研的新规

《医师法》将《执业医师法》第26条第2款“医师进行实验性临床医疗，应当经医院批准并征得患者本人或者其家属同意”的规定删除，引用《民法典》第1008条“为研制新药、医疗器械或者发展新的预防和治疗方法，需要进行临床试验的，应当依法经相关主管部门批准并经伦理委员会审查同意，向受试者或者受试者的监护人告知试验目的、用途和可能产生的风险等详细情况，并经其书面同意。进行临床试验的，不得向受试者收取试验费用”的规定单列一个条款。

《医师法》
第二十六条　**医师开展药物、医疗器械临床试验和其他医学临床研究应当符合国家有关规定，遵守医学伦理规范，依法通过伦理审查，取得书面知情同意。**

医学科学的发展离不开人体临床试验，为了最大限度地保护受试者的合法权益，尽可能地减少因人体临床试验造成的身体损害，规范医师的临床试验和科研行为,《民法典》和《医师法》的此条规定中体现出三个关键点：

第一，需要进行人体临床试验的，应当依照《药品管理法》《疫苗管理法》《医疗器械监督管理条例》等法律法规的规定向省级以上卫生健康、药品监督、科技管理等行政管理部门申报获得批准，同时还需经伦理委员会审查同意，不得擅自为之。申报的内容除需提交的法定程序性文件外，重点是要对将要开展的人体临床试验从生命伦理、技术成熟度以及对受试者身心健康的影响等试验风险正反两方面的评估论证，特别是对受试者身心健康不利因素的风险评估以及补救措施。

第二，须如实地向受试者或者受试者的监护人告知试验目的、用途和可能产生的风险等详细情况，并签署书面知情同意志愿书，最大限度保障受试者的生命安全。

第三，进行临床试验的，不得向受试者收取试验费用。笔者认为，科研机构、医药或医疗器械生产企业以及医疗机构在进行临床人体试验时，不仅须严格遵守此项规定不收取试验费用，还应从科研或实验经费中拨出专款对受试者的无私奉献精神和行为予以补偿。此外，建议上述科研机构、医药或医疗器械生产企业以及医疗机构通过参加商业保险的形式，为受试者购买人身伤害保险，进一步分担受试者身体和精神的损失。

第二节 | 紧急救治的新规

与《执业医师法》相比较,《医师法》对医师履行紧急救助义务的规定作了三项调整。

《医师法》	《执业医师法》
第二十七条　**对需要紧急救治的患者，**医师应当采取紧急措施进行诊治，不得拒绝急救处置。 **因抢救生命垂危的患者等紧急情况，不能取得患者或者其近亲属意见的，经医疗机构负责人或者授权的负责人批准，可以立即实施相应的医疗措施。** **国家鼓励医师积极参与公共交通工具等公共场所急救服务；医师因自愿实施急救造成受助人损害的，不承担民事责任。**	第二十四条　对急危患者，医师应当采取紧急措施进行诊治；不得拒绝急救处置。

一、将“对急危患者”的紧急救助改为“对需要紧急救治的患者”的紧急救助

《医师法》第27条第1款在保留《执业医师法》第24条“对急危患者，医师应当采取紧急措施进行诊治；不得拒绝急救处置”规定的基础上，将“对急危患者”改为“对需要紧急救治的患者”。从语言逻辑视角，“对急危患者，医师应当采取紧急措施进行诊治”是医师应当主动履行的紧急救治义务。如果未主动履行义务，要承担相应的法律责任。在现实中，有很多罹患严重疾病救治无望的晚期患者，其本人或者其亲属明确表示放弃救治。此刻医师主动履行紧急救治义务，实施紧急救治诊疗行为，根本无法实现，医师便处于法律与事实两难的境地。因此,《医师法》的这一立法变化更贴近实际“接地气”，便于操作。

二、紧急医疗救助未尽说明义务责任的新规

《医师法》第27条第2款全文引用了《民法典》第1220条的规定：“因抢救生命垂危的患者等紧急情况，不能取得患者或者其近亲属意见的，经医疗机构负责人或者授权的负责人批准，可以立即实施相应的医疗措施。”本款的适用需同时满足以下四个条件：

（一）适用的时间

本款规定必须适用于抢救生命垂危患者的紧急情况，非紧急情况如择期手术等不适用。

（二）不能取得患者或其近亲属意见

对于不能取得患者意见的情形，笔者在本书第四章第三节中已详细论述，在此无须重复。对于不能取得患者近亲属意见的情形，《最高人民法院关于审理医疗损害责任纠纷案件适用法律若干问题的解释》第18条第1款明确规定：“因抢救生命垂危的患者等紧急情况且不能取得患者意见时，下列情形可以认定为民法典第一千二百二十条规定的不能取得患者近亲属意见：（一）近亲属不明的；（二）不能及时联系到近亲属的；（三）近亲属拒绝发表意见的；（四）近亲属达不成一致意见的；（五）法律、法规规定的其他情形。”

针对上述五种情形，在此需要说明几点：一是近亲属不明的。是指患者因意识障碍、智能障碍、精神障碍，或者患者虽意识清醒，但属低龄未成年人，或为无法用普通话正常沟通的少数民族以及只会讲方言土语的民众，或者是境外人员等特殊情况，无法确认其有无近亲属。二是不能及时联系到近亲属的。是指虽然有患者的近亲属信息，但患者生命垂危，时间紧迫，短时间内无法联系到其近亲属。如患者的近亲属身在国外，因时差、通讯不畅等原因联系不上等。三是近亲属拒绝发表意见的，或者近亲属达不成一致意见的。对于这两种情形，字面上应该没有异议，但在现实中常常出现在抢救现场的近亲属拒绝发表意见，或者达不成一致意见，而后来的近亲属却有与已实施的诊疗行为相左意见的情形。为此，后来的近亲属埋怨医疗机构及其医

务人员为何不找他们，甚至因此提起诉讼。对此，应当明确的一点是医疗机构的社会职责是作为负有法定救助义务的组织，面向社会大众提供救死扶伤诊疗服务的专业机构，不是侦查机关。医疗机构及其医务人员只有通知患者近亲属的义务，不具有寻找患者近亲属的能力，也不具有法律授予的职权。最高人民法院原《侵权责任法》研究小组，在《〈中华人民共和国侵权责任法〉条文的理解与适用》一书中，曾作出“凡在抢救当时不在场的近亲属，均视为放弃”的学理解释，明确解答了患者近亲属的疑问。四是法律、法规规定的其他情形。一般是指诸如医疗机构依据《传染病防治法》的规定，为了切断传播途径而对患者实施的强制隔离措施等。

（三）必须经过医疗机构负责人或者授权负责人批准

抢救生命垂危患者须经过医疗机构负责人或者授权负责人批准的意义在于，一是能够充分调动医疗机构的积极有效力量对患者实施抢救；二是能够合理利用医疗资源。

（四）相应的医疗措施

医师在抢救生命垂危患者时所采取的医疗措施必须是与治疗本病相关的医疗措施，与治疗本病无关的不得实施。至于“相关”与“无关”应如何界定，法律上没有规定。笔者认为，紧扣诊疗规范，能够满足抢救生命垂危患者生命，维护其生命权的存在而实施的基本医疗措施，就应当确认为相关。这应当是医疗机构及其医务人员依法履行抢救生命垂危患者职责所恪守的底线。

医疗机构及其医务人员在满足上述条件下的情况实施紧急医疗救助行为，患者出现不良后果的，《最高人民法院关于审理医疗损害责任纠纷案件适用法律若干问题的解释》第18条第2款作出了明确规定：“前款情形，医务人员经医疗机构负责人或者授权的负责人批准立即实施相应医疗措施，患者因此请求医疗机构承担赔偿责任的，不予支持；医疗机构及其医务人员怠于实施相应医疗措施造成损害，患者请求医疗机构承担赔偿责任的，应予支持。”最高人民法院的上述解释，既保护了医疗机构及其医务人员依法履行紧急救助义务产生的合法权益，又将医务人员未遵守首诊负责制，或者未积极履行抢救义务所造成损害的情形列入受案范围，可以说是“赏罚分明”。在此提请医师应当认真学习落实。

三、非规范医疗环境下法定紧急救助义务的新规

《医师法》第27条第3款引用了《民法典》第1005条和第184条规定的核心内容，增加了“国家鼓励医师积极参与公共交通工具等公共场所急救服务；医师因自愿实施急救造成受助人损害的，不承担民事责任”的新款规定。

《民法典》第1005条规定：“自然人的生命权、身体权、健康权受到侵害或者处于其他危难情形的，负有法定救助义务的组织或者个人应当及时施救。”此条规定中有三个关键点：

第一，“自然人的生命权、身体权、健康权受到侵害或者处于其他危难情形”。这里的危难情形如自然人的身心健康受到他人的恐吓威胁、殴打、下毒的非法侵害，或者突发罹患急病、创伤等生命安全受到影响的紧急情形。非上述紧急情形不适用本条规定。

第二，“负有法定救助义务的组织或者个人”。所谓负有法定救助义务的组织是指法律规定应当承担救助义务的组织或机构，如公安机关、红十字会、社会救助机构、医疗机构等。负有法定救助义务的个人则是指上述组织或机构中正在依法履行职务的工作人员，简而言之，就是正在上班的工作人员。这里有一个特殊情况，如果上述组织或机构的工作人员在下班时间对急需救助的人员实施救助行为，其性质不属依法履行救助义务，而是见义勇为。因此，《医师法》使用了“国家鼓励医师积极参与公共交通工具等公共场所急救服务”的提倡性语言。医师在公共交通工具等公共场所主动紧急救助患者是“敬佑生命，救死扶伤”职业精神的体现，应当大力提倡。医师若因此受到损害，依照《民法典》第183条的规定，“因保护他人民事权益使自己受到损害的，由侵权人承担民事责任，受益人可以给予适当补偿。没有侵权人、侵权人逃逸或者无力承担民事责任，受害人请求补偿的，受益人应当给予适当补偿”。在救治过程中，被救人的身体或者财产若因行为人实施的紧急救助行为造成损害的，如心肺复苏导致肋骨骨折等，《民法典》第184条

明确："因自愿实施紧急救助行为造成受助人损害的，救助人不承担民事责任。"《民法典》的这条规定最大限度保护了见义勇为者的合法权益，同时也是向全社会宣示正能量。

第三，"及时施救"。这里所说的及时施救，既包括时间的及时，也包括措施的及时。在紧急情况下，为了挽救患者的生命，即使是在医疗机构内部，医师也会采取一些不符合诊疗常规的紧急措施，如紧急情况下使用非消毒的手术器械或非医疗专用器械进行气管切开等。患者若因这种不符合诊疗常规的紧急措施受到损害，同样适用上述《医师法》第27条的规定。

第三节 | 履行的诊疗技术规范的新规

《医师法》第28条和第29条规定的内容是医师在诊疗活动中须履行的诊疗技术规范义务。

一、使用合法药械和诊疗方法的义务

《医师法》	《执业医师法》
第二十八条　医师应当使用经依法批准或者备案的药品、消毒药剂、医疗器械，**采用合法、合规、科学的诊疗方法。** **除按照规范用于诊断治疗外，**不得使用麻醉药品、医疗用毒性药品、精神药品、放射性药品等。	第二十五条　医师应当使用经国家有关部门批准使用的药品、消毒药剂和医疗器械。 除正当诊断治疗外，不得使用麻醉药品、医疗用毒性药品、精神药品和放射性药品。

《医师法》第28条第1款在保留《执业医师法》第25条第1款有关“医师应当使用经国家有关部门批准使用的药品、消毒药剂和医疗器械”规定的基础上，增加了一句“采用合法、合规、科学的诊疗方法”的规定。从法律条文的语法结构上看，本规定包含两个含义：第一，医师在诊疗活动中，应当使用国家有关部门批准使用的药品、消毒药剂和医疗器械，否则有可能构成因使用未经国家药品监督管理部门批准的药品、消毒药剂和医疗器械的非法行医。第二，医师所采用的诊疗技术方法须合法、合规、科学，以此强调医师履行诊疗技术规范的义务。若未履行此义务，且因此造成患者损害的，将承担医疗技术损害责任。

所谓医疗技术损害（Medical Technology Damage）是指医疗机构及其医务人员在诊疗活动中实施的各项诊疗行为，存在不符合当时医疗水平或者未尽合理注意义务技术过失的过错，造成患者的损害。换言之，医疗技术损害就是医疗机构及其医务人员在诊疗活动中，未按照诊疗规范的规定，该查的没查、该做的没做，或者是不该查的查了、不该做的做了，导致患者损害。医疗技术损害是医疗损害中一种最常见的严重情形，是医务人员实施的技术过错诊疗行为直接导致的。

《民法典》第1221条规定："医务人员在诊疗活动中未尽到与当时的医疗水平相应的诊疗义务，造成患者损害的，医疗机构应当承担赔偿责任。"对于医疗技术损害的界定，有两个关键点，一个是"当时的"，另一个是"医疗水平"。

（一）"当时的"界定

所谓当时的医疗水平是一个相对概念，有时间和空间的限制条件。

1.时间限制条件，是指实施诊疗行为的当时。近年来，临床医学诊断技术和部分治疗技术发展较快，曾经的一些疑难病症的确诊率和治愈率有很大提高。但是在界定医疗技术损害时，不得用今天的技术评价实施诊疗行为当时的技术。

2.空间限制条件，是指实施诊疗行为的医务人员所在省、自治区、直辖市和医疗机构的类别、医疗资源状况。我国幅员辽阔，医疗资源分布不均衡，医务人员的诊疗水平差别很大。加之临床医学是实践学科，同一种疾病，医务人员见过与没见过，所作出具体诊疗决定、实施的具体诊疗措施会有质的差异。对于在医疗机构外的时空间环境实施的紧急医疗救助措施，更不能用在医疗机构内实施的医疗行为进行参照评价。

综上，评判医务人员的诊疗行为是否尽到合理注意义务，须实事求是地因时、因地、因人区别判断，不能简单地"一刀切"。这就是《最高人民法院关于审理医疗损害责任纠纷案件适用法律若干问题的解释》第16条规定"对医疗机构或者其医务人员的过错，应当依据法律、行政法规、规章以及其他有关诊疗规范进行认定，可以综合考虑患者病情的紧急程度、患者个体差异、当地的医疗水平、医疗机构与医务人员资质等因素"的意义所在。

（二）"医疗水平"的界定

评判医务人员是否尽到与当时医疗水平相当的诊疗注意义务技术标准，是中华医学会制定的各项诊疗规范。医学是经验学科，不是逻辑学科。诊疗规范是经过长期的临床实践摸索出来的。医学科学发展到今天，突破诊疗规范的结局要么是解决了世界医学难题，要么是十分常见的侵害患者生命健康权的医疗损害。医疗机构的医疗质量监控部门、临床科室主任抓质量管理的一个重要内容就是诊疗规范的落实，而且需从最基本的“望触叩听”“望闻问切”抓起。

（三）诊疗规范适用的特殊情形

1.在诊疗活动中，时有诊疗规范未涉及、未穷尽的情形。对此应当以公开出版的教科书为诊疗规范的底线。因为教科书上的内容是公知知识，是科学。不能以科研杂志上发表的文章为准。因为科研杂志上发表的文章是探索性技术，不是科学，而且很有可能仅是一家之言。科学是人类对自然的认识过程，科学的一个重要特征就是能够重复验证，即本行业的专业人员根据文字说明能够重复再现。教科书就具备这一特征。教科书是最低要求，如果还没有做到，那就是过错了。

2.在诊疗活动中，当药品的说明书与药典、药物手册规定不一致时，应以说明书为准。因为药典、药物手册所规定的内容属于一般规定，药品的使用说明书是专门规定。法律上专门规定优先一般规定。

3.在诊疗活动中，当药品说明书与诊疗规范的规定不一致时，须以保障患者的安全为原则，就高不就低，以要求高的规定为准。

二、合理用药义务和超说明书用药的新规

《医师法》第29条是规定医师在诊疗活动中履行合理用药义务和超说明书用药行为规范的新增条款。

《医师法》
第二十九条 **医师应当坚持安全有效、经济合理的用药原则，遵循药品临床应用指导原则、临床诊疗指南和药品说明书等合理用药。** **在尚无有效或者更好治疗手段等特殊情况下，医师取得患者明确知情同意后，可以采用药品说明书中未明确但具有循证医学证据的药品用法实施治疗。医疗机构应当建立管理制度，对医师处方、用药医嘱的适宜性进行审核，严格规范医师用药行为。**

（一）合理用药义务新规

《医师法》第29条第1款“医师应当坚持安全有效、经济合理的用药原则，遵循药品临床应用指导原则、临床诊疗指南和药品说明书等合理用药”的规定，是针对常规用药须履行的义务。其中包含了两层意思：第一，医师用药须坚持安全有效、经济合理的原则。此处的安全有效是指药品的毒副作用相对小；经济合理是指性价比相对合理。安全有效、经济合理是医师用药的原则，是相对概念，不能绝对化。第二，医师用药须合理。即应当遵循药品临床应用指导原则、临床诊疗指南和药品说明书等规定。在现实中，国家卫生健康主管部门和中华医学会制定诊疗规范和各项指南；药品监督管理部门制定药品上市许可目录、毒副作用监控指南；医疗保障部门制定药品医保报销目录。医师在诊疗活动中须在此原则框架内，根据患者的病情、身体状况、个体差异、客观条件、药品的正副作用和剂型剂量、给药方式以及医保支付规定等多种因素综合决定选择具体品种，只要不违反上述规定，即属合理用药。

（二）附条件超药品说明书用药新规

《医师法》第29条第2款“在尚无有效或者更好治疗手段等特殊情况下，医师取得患者明确知情同意后，可以采用药品说明书中未明确但具有循证医学证据的药品用法实施治疗。医疗机构应当建立管理制度，对医师处方、用药医嘱的适宜性进行审核，严格规范医师用药行为”的规定，是针对医师在诊疗活动中，根据患者病情的需要，迫不得已超出药品说明书规定适用范围、剂量以及给药方式等药品用法用药行为制定的规定。这是我国首次以立法的形式，确立医师附条件超药品说明书用药的许可，是本法一处闪耀的亮点。

1.超说明书用药适用条件

医师适用本条法律超说明书用药，须同时满足三个前提条件，缺一不可。

（1）适用的时间

超说明书用药适用的时间是“在尚无有效或者更好治疗手段等特殊情况

下”，即已经穷尽了可能采用的治疗方法，均无明显疗效的特殊情况。

（2）患者知情同意

医师在采取超说明书用药措施之前，须依照《医师法》第25条的规定，向患者详细说明超说明书用药的目的、可能发生的风险，取得患者的明确同意。

（3）须有循证医学的证据支持

医师在采取超说明书用药措施之前，应尽可能全面收集世界各国的专家共识、研究成果等超说明书用药的证据，以便正确评估用药风险，最大限度地保障患者的用药安全。

2.超说明书用药监管

本条第2款第一句规定的是超说明书用药的前提条件，第二句规定的是医疗机构对医师超说明书用药的监管职责，“医疗机构应当建立管理制度，对医师处方、用药医嘱的适宜性进行审核，严格规范医师用药行为”，医师超说明书用药不可能任其随心所欲，须严格监管。监管的主体是医师所执业的医疗机构。医疗机构作为监管主体，应当依照国家和省级卫生健康主管部门制定的有关规定，制定从申请超说明书用药医师的资质、患者病情和用药适宜性论证、循证医学证据分析、风险评估，到启动、实施、医疗监护、突发紧急情况应对措施、远期效果的追踪寻访等全链条的监管制度；成立由临床医学、药学以及其他相关医技学科专家组成的专门委员会，落实监管制度，确保患者的用药安全。

第四节 | 附条件开展“互联网+医疗”服务的新规

“互联网+医疗”（Internet + Medical）是指利用信息通信技术以及互联网平台，使互联网与传统医疗行业进行深度融合，提升医疗行业的创新力和效率，创造新的医疗健康发展生态。就我国当前的医疗现实状况而言，实现“互联网+医疗”的目的，是希望改善看病难、看病贵等长期难以解决的问题以及实现分级诊疗。部分业内人士对通过互联网优化传统的诊疗模式，改变传统的医患模式中患者普遍存在的事前缺乏预防、事中体验差、事后无服务的现象，抱有极大的期望；以为这样就可以让患者从互联网医疗数据端监测自身健康数据，做好事前防范；在诊疗服务中依靠移动医疗实现网上挂号、询诊、购买、支付，节约时间和经济成本，提升事中体验；并依靠互联网在事后与医生沟通。但现实却未尽如人意，虽然互联网的开放、平等、快捷的特征已发挥得淋漓尽致，但同时其风险也充分显现，其所承载信息的真实性、安全性存在严重的不确定性，网络诈骗、个人信息泄露、黑客入侵等涉网案件屡见不鲜。由于医学科学技术的局限性，人类对自身的认识极其有限，医疗行为结果的不确定性尤为突出。“互联网+医疗”在充分发挥互联网在传统医疗行业配置中的优化和集成作用，形成全新的医疗健康生态的同时，将二者的风险也集成于这一平台。“互联网+医疗”的应用模式可分为互联网医疗和医疗互联网两大类。

互联网医疗（Internet Medical）是指患者或其他用户利用互联网平台向网络空间中所有的人求医问药的诊疗模式，即所谓“P2P”（Peer to Peer）模式。其主体是患者或其他用户，客体是不特定的医务人员或其他人员。特点是打破了传统医疗医患双方在同一个现实空间里面对面“望触叩听”“望闻问切”的诊疗模式，简便快捷。但由于医患双方不真实见面，医务人员对患者提供的信息是否真实可靠难以判断，即便是患者提供了相关的实验室检查数据和影像资料，医务人员无法亲自检查患者，在不掌握第一手资料的情况下无法制定准确的治疗方案。纵观时下互联网医疗的运行模式，基本都是类似于电商的线上互动、直销的运行模式。

医疗互联网（Medical Internet）则是指医疗机构内部，或医疗机构与医疗机构之间利用通讯、计算机及网络技术等信息化技术进行医疗数据信息的交换、传递，开展诊疗技术的医疗服务模式。即所谓的“B2B”（Business to Business）模式。目前医疗互联网技术应用最为广泛的领域包括远程病理诊断，远程医学影像（影像、超声、核医学、心电图、肌电图、脑电图等）诊断，远程监护，远程会诊，远程门诊，远程病例讨论等。其有效地使优质医疗资源由中心城市向偏远、基层地区延伸，在一定程度上解决了老百姓看病难、看病贵的问题，同时对身处偏远、基层的医务人员诊疗水平的提高起到了带动作用。而其暴露出的问题主要是由于远程会诊两端医疗机构的硬件设施条件、医务人员技术水平、药品种类等软硬件条件不匹配，在一定程度上加大了诊疗行为结果的不确定性。

2015年7月4日，国务院发布《关于积极推进“互联网+”行动的指导意见》提出：“推广在线医疗卫生新模式。发展基于互联网的医疗卫生服务，支持第三方机构构建医学影像、健康档案、检验报告、电子病历等医疗信息共享服务平台，逐步建立跨医院的医疗数据共享交换标准体系。积极利用移动互联网提供在线预约诊疗、候诊提醒、划价缴费、诊疗报告查询、药品配送等便捷服务。引导医疗机构面向中小城市和农村地区开展基层检查、上级诊断等远程医疗服务。鼓励互联网企业与医疗机构合作建立医疗网络信息平台，加强区域医疗卫生服务资源整合，充分利用互联网、大数据等手段，提高重大疾病和突发公共卫生事件防控能力。积极探索互联网延伸医嘱、电子处方等网络医疗健康服务应用。鼓励有资质的医学检验机构、医疗服务机构联合互联网企业，发展基因检测、疾病预防等健康服务模式。”

为了适应“互联网+医疗”服务模式发展的需要，规范医师的诊疗行为，解决当前我国对“互联网+医疗”政策明朗、法律缺失的问题，《医师法》率先以立法的形式，制定了专门条款。

《医师法》
第三十条　**执业医师按照国家有关规定，经所在医疗卫生机构同意，可以通过互联网等信息技术提供部分常见病、慢性病复诊等适宜的医疗卫生服务。国家支持医疗卫生机构之间利用互联网等信息技术开展远程医疗合作。**

《医师法》第30条规定："执业医师按照国家有关规定，经所在医疗卫生机构同意，可以通过互联网等信息技术提供部分常见病、慢性病复诊等适宜的医疗卫生服务。"针对医师利用互联网技术提供诊疗服务设置了必须具备的前提条件：一是须按照国家有关规定。医师在利用互联网技术开展诊疗活动前，应当充分了解《医师法》《个人信息保护法》《民法典》《网络安全法》以及其他相关法律法规的规定，严格遵照执行。二是须经过所在医疗机构同意，以此强化医疗机构的监管职责。笔者在本书第二章中已经详细论述，医师行医须以医疗机构的名义，医疗机构是责任主体，医师是行为主体，医疗机构承担着管理责任。无论是线下还是线上均是如此。同时，本条法律将医师利用互联网技术提供诊疗服务的适用范围局限在"部分常见病、慢性病复诊等适宜的"情形。这是在充分考虑到互联网技术的局限性和临床医学科学的特点以及风险的基础上制定的，医师在利用互联网技术开展诊疗服务时必须遵守。

本条法律在针对医师个人利用互联网技术提供医疗服务确定刚性规范的同时，还针对医疗机构提出了"国家支持医疗卫生机构之间利用互联网等信息技术开展远程医疗合作"的柔性规定。2014年8月29日，国家卫生计划生育委员会下发《关于推进医疗机构远程医疗服务的意见》，其中就加强统筹协调、明确服务内容、完善服务流程以及加强监督管理等内容进行了原则性的规定，为医疗卫生机构之间利用互联网等信息技术开展远程医疗合作提供了指导性意见。

随着网络直播的兴起，其独立自主性、生动活泼的创造性、简便快捷的广告性等特征被发挥得淋漓尽致，令无数人趋之若鹜，让许多年轻人实现了一夜成为"明星"的梦想，名利双收。网络直播的规模正在以年增长率超过20%的速度快速增长。网络直播的内容既有积德行善、扶贫助残、创新创业、积极向上向善的正面信息，也有色情低俗、坑蒙拐骗的负面信息。为了加强对网络直播平台的规范管理，维护人民群众合法权益，促进新业态健康有序发展，营造清朗网络空间，2018年8月，全国“扫黄打非”办公室会同工业和信息化部、公安部、文化和旅游部、国家广播电视总局、国家互联网信息办公室联合下发《关于加强网络直播服务管理工作的通知》，部署各地各有关部门进一步加强网络直播服务许可、备案管理，强化网络直播服务基础管理，建立健全长效监管机制，大力开展存量违规网络直播服务清理工作。该通知要求，应落实用户实名制度，加强网络主播管理，建立主播黑名单制度，健全完善直播内容监看、审查制度和违法有害内容处置措施。

近一两年来，一些医务人员也搭上了网络直播的快车，加入了网络直播的“主播”行列，利用网络直播平台的视讯技术现场直播。内容主要涉及普及医药卫生健康知识的科普宣传、解答网友的求医问药、推销商品、广告宣传，甚至直播手术等诊疗过程。“网红医生”人才辈出。鉴于当前网络直播涉及医疗卫生保健内容的状况，在此从法律视角，提醒医疗机构及其医务人员、医学院校学生，利用互联网的直观、快速，表现形式好、交互性强，地域不受限制等特点，宣传普及医疗卫生知识，展示个人风采，提高医疗机构和医务人员的知名度，发挥直播内容的最大价值，没有任何问题。但是，有几条法律底线不得逾越。第一，直播内容不得直接或间接涉及他人的隐私、个人信息，不得含有能为他人提供“人肉搜索”的线索，不得侵犯他人的知识产权。第二，直播带货属个人行为的，不得以医疗机构的名义进行；无论是医疗机构还是医务人员进行网络直播推介医疗保健产品，均须严格遵守《广告法》《药品管理法》《消费者权益保护法》以及国家互联网信息办公室、公安部、商务部、文化和旅游部、国家税务总局、国家市场监督管理总局、国家广播电视总局七部门联合发布的《网络直播营销管理办法（试行）》（2021年5月25日起施行）和国家市场监管部门制定的有关网络直播广告宣传的规定。第三，实施互联网诊疗行为的，须严格遵守《医师法》第30条和国家卫生健康主管部门颁布的有关互联网医疗的规定。第四，医疗机构之间点对点的远程会诊和技术指导、医学院校的临床教学见习，需要利用医疗互联网进行直播对患者身体检查、外科手术等诊疗行为过程的，须严格遵守国家卫生健康主管部门、教育行政部门制定的有关规定；在开放的互联网直播平台进行外科手术等诊疗行为过程的网络直播，除合法合规的科普宣传外，不得以博取眼球、炫耀“技术”、寻求“打赏”、贬低他人等个人利益为目的；手术部位以及患者私密部位须进行技术处理，即使患者同意也不得违背社会公序良俗，打“擦边球”，扰乱社会秩序，危害公共安全，不得娱乐化。

综上所述，回顾互联网技术和医学科学的发展历史，“互联网+医疗”不可能独立地存在于虚拟空间。“互联网+医疗”的关键是医疗，不是互联网。因此，笔者认为在未来相当长的时间内，“互联网+医疗”仍然将在“线上健康咨询，线下疾病诊疗”的大框架下发展。

第五节 ┃ 不必要的检查、治疗禁止性行为的新规

《医师法》第31条在保留了《执业医师法》第27条有关“医师不得利用职务之便，索取、非法收受患者财物或者牟取其他不正当利益”规定的基础上，为了防止医师在诊疗活动中过度检查和过度治疗，增加了“不得对患者实施不必要的检查、治疗”的禁止性新规。

《医师法》	《执业医师法》
第三十一条　医师不得利用职务之便，索要、非法收受财物或者牟取其他不正当利益；**不得对患者实施不必要的检查、治疗。**	第二十七条　医师不得利用职务之便，索取、非法收受患者财物或者牟取其他不正当利益。

本规定源于《民法典》第1227条“医疗机构及其医务人员不得违反诊疗规范实施不必要的检查”的规定。这条规定的核心内容是“不得违反诊疗规范实施不必要的检查”，即违规不必要。换句话说，就是医疗机构及其医务人员实施的检查如果是违规不必要的，医疗机构及其医务人员应当承担违反不必要检查的禁止义务的责任。如果医疗机构及其医务人员实施的检查虽然违规但必要，医疗机构及其医务人员就不承担责任。因此，医疗机构及其医务人员在诊疗活动中，应严格执行《民法典》第1227条的规定，吃透诊疗规范，为了尽可能地减少因现有医学科学的局限性给患者检查结果造成的假阳性或假阴性，减少患者的损失，要加强与患者的沟通，该查的一定要查，该治的一定要治，而且须留存能够证明对患者实施的检查、治疗是必要的证据。

为进一步提高医疗资源利用率，减轻人民群众就医负担，保障医疗质量和安全，2022年2月14日，国家卫生健康委员会、国家医疗保障局、国家中医药管理局、中央军委后勤保障部卫生局联合印发了《医疗机构检查检验结果互认管理办法》，分别从组织管理、互认规则、质量控制、支持保障、监督管理等方面对医疗机构检查检验结果互认的各项要求作出了规定。

该办法第4条明确规定了医疗机构实施检验结果互认工作应当遵循的“以保障质量安全为底线，以质量控制合格为前提，以降低患者负担为导向，以满足诊疗需求为根本，以接诊医师判断为标准”五点原则。其中最为关键的两点是“以保障质量安全为底线，以质量控制合格为前提”，否则不可能互认。基于我国幅员辽阔，地区经济发展状况差异大，医疗资源分布不均衡，医疗机构及其医务人员的诊疗参差不齐的现实状况；加之不同生产厂家生产的检查检验设备工作原理不同，检查试剂生产批次和储运条件的不同等客观因素，都有可能影响检查检验结果的一致性。办法第19条则提出了可以重新检查的具体情形：“出现以下情况，医疗机构及其医务人员可以对相关项目进行重新检查：（一）因病情变化，检查检验结果与患者临床表现、疾病诊断不符，难以满足临床诊疗需求的；（二）检查检验结果在疾病发展演变过程中变化较快的；（三）检查检验项目对于疾病诊疗意义重大的（如手术、输血等重大医疗措施前）；（四）患者处于急诊、急救等紧急状态下的；（五）涉及司法、伤残及病退等鉴定的；（六）其他情形确需复查的。”第21条同时明确了“医疗机构及其医务人员应当加强医患沟通，对于检查检验项目未予互认的，应当做好解释说明，充分告知复检的目的及必要性等”的要求。

第六节 | 应急征调义务、报告义务的立法变化

一、应急征调义务的立法变化

《医师法》引用《突发事件应对法》第3条第1款规定的“本法所称突发事件，是指突然发生，造成或者可能造成严重社会危害，需要采取应急处置措施予以应对的自然灾害、事故灾难、公共卫生事件和社会安全事件”，以及应急处置与救援的有关内容，对《执业医师法》第28条有关突发事件的界定进行修订，形成第32条应急征调义务的规定。

《医师法》	《执业医师法》
第三十二条　遇有自然灾害、**事故灾难、公共卫生事件和社会安全事件**等严重威胁人民生命健康的突发事件时，县级以上人民政府卫生健康主管部门根据需要组织医师参与卫生应急处置和医疗救治，医师应当服从调遣。	第二十八条　遇有自然灾害、传染病流行、突发重大伤亡事故及其他严重威胁人民生命健康的紧急情况时，医师应当服从县级以上人民政府卫生行政部门的调遣。

无论是注册在公立医疗机构还是注册在非公立医疗机构的医师，一旦遇有自然灾害、事故灾难、公共卫生事件和社会安全事件等突发事件，地方人民政府卫生健康主管部门根据需要组织医师参与卫生应急处置和医疗救治，医师应当服从调遣。这是法定的职业义务。若无正当理由拒不服从调遣的，将面临《医师法》第六章规定的相应处罚。笔者认为，医师既然选择了医师职业，就应当具备高于常人的爱心和“敬佑生命，救死扶伤”的职业精神，要有社会责任意识。从道义上讲，医师服从政府的应急征调，救助他人的生命，正是大医精诚高尚医德的体现。

二、报告义务的新规

《医师法》将《传染病防治法》《药品管理法》《刑法》《医疗纠纷预防和处理条例》《医疗事故处理条例》以及《医疗器械监督管理条例》等法律法规中有关报告义务的规定，整合为第33条规定。目的是让医师一览无余地全面掌握各种需要报告的情形，便于在执业活动中执行运用。

《医师法》	《执业医师法》
第三十三条　在执业活动中有下列情形之一的，医师应当按照有关规定及时向所在医疗卫生机构或者有关部门、机构报告： （一）发现传染病、**突发不明原因疾病或者异常健康事件；** （二）发生或者**发现医疗事故；** （三）**发现可能与药品、医疗器械有关的不良反应或者不良事件；** （四）**发现假药或者劣药；** （五）发现患者涉嫌伤害事件或者非正常死亡； （六）**法律、法规规定的其他情形。**	第二十九条　医师发生医疗事故或者发现传染病疫情时，应当按照有关规定及时向所在机构或者卫生行政部门报告。 医师发现患者涉嫌伤害事件或者非正常死亡时，应当按照有关规定向有关部门报告。

第七节 | 其他执业规则立法的变化

一、执业助理医师执业范围的立法变化

鉴于我国幅员辽阔，医疗资源配置不平衡的实际情况，充分考虑到县级以下医疗机构人才引进的困难，《医师法》在保留《执业医师法》第30条有关执业助理医师执业范围规定的基础上，特别针对在乡、民族乡、镇和村医疗卫生机构以及艰苦边远地区县级医疗卫生机构中执业的执业助理医师，适当放宽了独立从事一般的执业活动的条件，即“可以根据医疗卫生服务情况和本人实践经验，独立从事一般的执业活动”。

《医师法》	《执业医师法》
第三十四条　执业助理医师应当在执业医师的指导下，在**医疗卫生机构中按照注册的**执业类别、**执业范围**执业。 在乡、民族乡、镇和**村医疗卫生机构以及艰苦边远地区县级医疗卫生机构中**执业的执业助理医师，可以**根据医疗卫生服务情况和本人实践经验**，独立从事一般的执业活动。	第三十条　执业助理医师应当在执业医师的指导下，在医疗、预防、保健机构中按照其执业类别执业。 在乡、民族乡、镇的医疗、预防、保健机构中工作的执业助理医师，可以根据医疗诊治的情况和需要，独立从事一般的执业活动。

二、医学生、医学毕业生参与临床诊疗活动的立法新规

随着生活水平的不断提高，民众对高水平医疗卫生服务的需求也越来越大，加之普法教育的深入，民众法律维权意识也不断增强，对医学生参与临床医学检查持有疑问，这便给医学生临床教学实践活动造成了一定的困难；随着医学院校的扩招，大量的普通医疗机构被纳入教学医院范畴，临床实践

教学能力参差不齐。为此，原卫生部和教育部先后联合印发了《医学教育临床实践管理暂行规定》（2008年8月18日）和《关于实施临床医学教育综合改革的若干意见》（2012年5月7日），对推进临床实践教学能力建设，加强医学生临床实践教学管理起到了一定的积极作用。但因两部文件的性质属于部门规章，法律效力和社会接受度相对较低。

有鉴于此，为了维护医患双方的合法权益和临床实践教学正常秩序，切实推进教学医院医学生临床实践教学的能力建设，《医师法》第35条对此作了纲要性的规定，为下一步国家卫生健康主管部门和教育行政部门制定具体配套文件提供了上位法依据。

《医师法》
第三十五条　**参加临床教学实践的医学生和尚未取得医师执业证书、在医疗卫生机构中参加医学专业工作实践的医学毕业生，应当在执业医师监督、指导下参与临床诊疗活动。医疗卫生机构应当为有关医学生、医学毕业生参与临床诊疗活动提供必要的条件。**

《医师法》首次以立法的形式确立了参加临床教学实践的医学生和尚未取得医师执业证书、在医疗卫生机构中参加医学专业工作实践的医学毕业生在临床诊疗活动中的地位，即“应当在执业医师监督、指导下参与临床诊疗活动”。换言之，就是必须要在执业医师监督、指导下亲自动手实践，以此提高他们的临床实践能力。本条法律同时还明确了医疗卫生机构应当为有关医学生、医学毕业生参与临床诊疗活动提供如设施装备、教学能力、患者积极配合等必要条件保障的规定，确保临床教学实践活动的顺利进行。

三、加强对医师医德医风教育和完善医师岗位责任监督管理的新规

《医师法》第36条以立法的形式就有关医师的医德医风教育、医师的岗位责任监督管理，对行业组织、医疗卫生机构、医学院校提出了新的规定。

《医师法》
第三十六条　**有关行业组织、医疗卫生机构、医学院校应当加强对医师的医德医风教育。医疗卫生机构应当建立健全医师岗位责任、内部监督、投诉处理等制度，加强对医师的管理。**

本条第1款将承担对医师医德医风教育的主体由以往相对单一的医疗卫生机构扩展到了行业组织和医学院校，尤其是将行业组织列在了首位。以此强调行业组织要在医师医德医风教育中充分发挥作用，在举办各种学术交流活动的同时，引导医师牢固树立职业精神，遵纪守法，干净廉洁执业。

本条第2款要求医疗卫生机构应当建立健全医师岗位责任、内部监督、投诉处理等制度，加强对医师的管理，从而进一步强化了其作为责任主体不可推卸的职责。

第六章

培训和考核的立法变化

《医师法》第四章的名称由《执业医师法》的“考核和培训”改为“培训和考核”。

《医师法》	《执业医师法》
第四章　**培训**和**考核**	第四章　考核和培训

如此更改，既符合先后顺序的语言逻辑规范，又贴合现实状况，即先培训，后考核；若考核不合格，则须再先培训，后考核。培训是考核的前提和内容，考核的内容之一是培训的结果。

第一节 | 培训制度的立法变化和新规

一、国家层面建立医师培训制度的新规

《医师法》第37条从四个维度就国家层面建立医师培训制度作了框架性的规定。

《医师法》
第三十七条 **国家制定医师培养规划，建立适应行业特点和社会需求的医师培养和供需平衡机制，统筹各类医学人才需求，加强全科、儿科、精神科、老年医学等紧缺专业人才培养。** **国家采取措施，加强医教协同，完善医学院校教育、毕业后教育和继续教育体系。** **国家通过多种途径，加强以全科医生为重点的基层医疗卫生人才培养和配备。** **国家采取措施，完善中医西医相互学习的教育制度，培养高层次中西医结合人才和能够提供中西医结合服务的全科医生。**

（一）重点加强紧缺专业的人才培养

《医师法》第37条第1款规定，国家制定医师培养规划，建立适应行业特点和社会需求的医师培养和供需平衡机制，统筹各类医学人才需求。我国幅员辽阔，医疗卫生和医学教育资源的地区差异与社会需求不平衡，单靠市场机制很难平衡不同地区、专业的人才需求，只能由政府通过合理的区域规划、建立激励机制加以解决。同时本款规定还特别强调要加强全科、儿科、精神科、老年医学等紧缺专业人才培养。医疗人才紧缺的性质很复杂，有些是区域性的，有些是全国性的；有些是暂时性的，有些是长期性的；有些是结构性的，有些是制度性的。须由立法来规范解决的一定是全国性的、长期性的和制度性的，正如本款所列的全科、儿科、精神科、老年医学等学科。

由于民众健康需求的日益增长、社会经济快速发展的压力增大、人口年龄结构的改变，对上述四个学科专业人才的需求量越来越大。国家通过立法确立了必须加强紧缺人才培养的态度，政府则须依法建立激励机制和具体的待遇、学科建设、晋升等方面的措施。

（二）完善医学教育体系

医师是一个需要终身学习的职业，医学教育贯穿于从学生进入学校大门到终止执业的全过程。我国对医学院校在校生的医学基本理论和基本技能教育一向比较重视，已经形成相对完善的教育体系；而对如住院医师规范化培训的毕业后教育和继续教育相对轻视，特别是继续教育缺乏系统性，随意性较大。《医师法》第37条第2款“国家采取措施，加强医教协同，完善医学院校教育、毕业后教育和继续教育体系”的规定，对教育行政部门和卫生健康主管部门提出了新的要求，要求其针对不同类别的医师制定相应的教育培训规划、教育教学指南、考核计分方法等具体措施，完善医师终身教育体系。

（三）加强以全科医生为重点的基层医疗卫生人才培养和配备

全科医生（General Doctor）又称家庭医生，是指执行全科医疗卫生服务的医生。全科医生理应具备综合性的知识、高尚的素质、丰富的生活经验、卓越的管理才能和执着的科学精神。全科医生应当是基层医疗卫生事业的中坚力量。美国家庭医疗学会（AASP）对家庭医生的定义是经过家庭医疗这种范围宽广的医学专业教育训练的医生。这些全科医生由于其背景和家庭的相互作用，最具资格服务于每一个病人，并且作为所有健康相关事务的组织者，包括适当地利用顾问医生、卫生服务以及社区资源。

全科医生制度在世界上包括非洲欠发达国家在内的多数国家历史悠久。目前，世界上全科医生的人数可占医师总人数的30%—60%，学历基本都在硕士以上；全科医生是独立职业，可以服务于多家医疗机构，社会地位很高，医疗业务量超过国家医疗总量的一半。在国外，全科医生被称为民众家庭成员一辈子的健康“保护神”，国家卫生服务支出的“看门人”，引导专科医疗的“经纪人”。在世界上多数国家中，全科医生是一个受人尊重、社会地位和个人收入高、令人羡慕的幸福指数很高的职业。

自古以来，我国传统医学的中医、民族医就是全科医生，其工作模式和服务内容与现代全科医生的工作基本吻合，只不过没有形成一个国家层面全方位的全科医生制度。现代意义上的全科医生制度在我国起步很晚，2011年6月22日，时任国务院总理温家宝主持召开国务院常务会议，决定建立全科医生制度。会议指出，全科医生是综合程度较高的医学人才，主要在基层承担预防保健、常见病多发病诊疗和转诊、病人康复和慢性病管理、健康管理等一体化服务，被称为居民健康的“守门人”。2011年7月1日，国务院发布《关于建立全科医生制度的指导意见》，标志着我国全科医生制度正式起步。该意见从充分认识建立全科医生制度的重要性和必要性，建立全科医生制度的指导思想、基本原则和总体目标，逐步建立统一规范的全科医生培养制度，近期多渠道培养合格的全科医生，改革全科医生执业方式，建立全科医生的激励机制，相关保障措施和积极稳妥地推进全科医生制度建设八个方面对建立全科医生制度提出指导意见；提出了“到2020年，在我国初步建立起充满生机和活力的全科医生制度，基本形成统一规范的全科医生培养模式和‘首诊在基层’的服务模式，全科医生与城乡居民基本建立比较稳定的服务关系，基本实现城乡每万名居民有2—3名合格的全科医生，全科医生服务水平全面提高，基本适应人民群众基本医疗卫生服务需求”的总体目标。

2018年1月14日，国务院办公厅印发了《关于改革完善全科医生培养与使用激励机制的意见》，从建立健全适应行业特点的全科医生培养制度、全面提高全科医生职业吸引力、加强贫困地区全科医生队伍建设和完善保障措施四个方面提出了改革完善全科医生培养与使用激励机制的意见；提出了“到2020年，适应行业特点的全科医生培养制度基本建立，适应全科医学人才发展的激励机制基本健全，全科医生职业吸引力显著提高，城乡分布趋于合理，服务能力显著增强，全科医生与城乡居民基本建立比较稳定的服务关系，城乡每万名居民拥有2—3名合格的全科医生。到2030年，适应行业特点的全科医生培养制度更加健全，使用激励机制更加完善，城乡每万名居民拥有5名合格的全科医生，全科医生队伍基本满足健康中国建设需求”的工作目标。

据中国医师协会统计，经过十余年的努力，截至2018年年底，全国经培训合格的全科医生已达30.9万人，每万人口拥有全科医生上升到2.2人[①]，意味着已经提前完成国家在《关于改革完善全科医生培养与使用激励机制的意见》中设定的工作目标，到2020年，城乡每万名居民拥有2—3名合格的全科医生。但距离2030年每万名居民拥有5名合格的全科医生的愿景还有一大段距离，还需要各方不懈努力。

在我国发展全科医生制度面临的最大障碍，首先是民众对全科医生缺乏应有的认可度，把全科医生界定为“大病治不了，小病不会治”，没什么大本事的“万金油大夫”“红药水大夫”，有病一定是上大医院，找大专家。其次是近二十年来城市大医院的规模不断扩张、硬件设施快速更新换代、优秀人才高度集中，导致基层医务人员施展的空间越来越小。最后是基层医务人员福利待遇偏低，上升空间小；分级诊疗制度落实不足；医保报销制度不够完善；缺乏商业保险制度支撑等其他因素。

《医师法》第37条第3款“国家通过多种途径，加强以全科医生为重点的基层医疗卫生人才培养和配备”的规定，是为了适应社会发展变化新形势的需要，将国家有关全科医生制度建设的政策以及深化医疗体制改革“强基层、保基本”的政策上升为法律规定，确立为政府的职责。要将本条法律落到实处，提高每万人口拥有全科医生的人数只是一个方面，更重要的是建立切实可行的制度，制定相应的保障措施，从根本上消除阻碍全科医生制度发展的障碍，提质增效。

（四）完善中医西医相互学习的教育制度

《医师法》第37条第4款“国家采取措施，完善中医西医相互学习的教育制度，培养高层次中西医结合人才和能够提供中西医结合服务的全科医生”的规定，引用了《中医药法》第36条有关“国家发展中西医结合教育，培养高层次的中西医结合人才”规定的内容，要求政府有关部门采取相应的

---

① 参见《中国医师协会第六届全科医生培训高峰论坛暨第十八届社区卫生与全科医学学术会在津召开》，http://www.cmda.net/gzdtgp/14424.jhtml。

措施，在医学教育中完善中西医互相学习的制度，作为《医师法》第14条第4款“经考试取得医师资格的中医医师按照国家有关规定，经培训和考核合格，在执业活动中可以采用与其专业相关的西医药技术方法。西医医师按照国家有关规定，经培训和考核合格，在执业活动中可以采用与其专业相关的中医药技术方法”规定的教育支撑，最终目的是培养高层次中西医结合人才和能够提供中西医结合服务的全科医生。

二、建立健全住院医师、专科医师规范化培训毕业后医学教育制度新规

《医师法》第38条首次以立法的形式规定国家要建立健全住院医师、专科医师规范化培训的毕业后医学教育制度。

《医师法》
第三十八条　**国家建立健全住院医师规范化培训制度，健全临床带教激励机制，保障住院医师培训期间待遇，严格培训过程管理和结业考核。** **国家建立健全专科医师规范化培训制度，不断提高临床医师专科诊疗水平。**

毕业后医学教育（Post Graduation Medical Education）是指医学专业毕业生完成医学院校基础医学教育走出校门后，在成为合格的临床医师之前，结合其未来临床医学岗位工作需要，充实专业知识，加强专业培训，培养其独立从事专业技术工作能力的医学教育。毕业后医学教育是全链条系统医学教育的重要组成部分，是一个医学毕业生成长为合格临床医师的必经之路。毕业后医学教育由住院医师规范化培训与专科医师规范化培训共同构成。

住院医师规范化培训是指医学毕业生在政府认定的培养基地，以住院医师的身份，接受以提高临床能力为主的系统性、规范化的培训。目的是培养具有良好的职业道德、扎实的医学理论知识和临床诊疗技能的合格医师。

专科医师规范化培训是指在住院医师规范化培训基础上，再依据各专科培训标准与要求进行2—4年的专科医师规范化培训。目的是培养具有良好的

医疗保健通识素养、扎实的专业素质能力、基本的专科特长和相应科研教学能力的临床医师。

住院医师规范化培训制度起源于十九世纪末的美国①，世界现代医学教育之父、临床医学创始人威廉·奥斯勒（William Osler）博士在担任美国约翰斯·霍普金斯大学教授、附属医院首任院长期间，首创强调临床能力训练的“病床边教学”住院医师培养制度。这一制度对世界医学教育影响深远，至今仍是世界医学教育制度的基本构成。他的“病床边教学”医学教育理念成为现代医学教育的根基。

住院医师规范化培训制度进入我国始于二十世纪二十年代，北京协和医院在建院初期就实行了具有自身特色的“24小时住院医师负责制和总住院医师制度”。同期，国内部分如华西医院、同济医院等著名医院也相继实施了24小时住院医师负责制的住院医师规范化培养制度。张孝骞、林巧稚、黄家驷、裘法祖等大批医学泰斗都是这一制度的受益者。这一制度一直延续到中华人民共和国成立之后，在学习苏联制度的大背景下，除极少数医院还继续坚持外，大多数医院都废除了延续多年的这一制度。医学院校毕业生直接分配到医院从事临床工作，个人未来的发展、诊疗技术水平的高低很大程度上受到所在医院级别的高低、软硬件客观条件的影响。随着医学院校新一代大学毕业生陆续进入医院工作，从二十个世纪八十年代开始，以北京协和医院为代表的一批高水平的教学医院，在本院内恢复了住院医师培训工作。1988年，原卫生部借鉴北京协和医院等医院住院医师培训制度的做法，开始在部分省、市开展住院医师培训试点工作。1993年，原卫生部印发了《关于实施临床住院医师规范化培训试行办法的通知》，住院医师规范化培训的单一的试点工作，逐渐在全国各省进行初步的探索。2009年，原卫生部颁布了《住院医师规范化培训标准（试行）》，明确规定了住院医师规范化培训的期限等具体实施细则，使我国住院医师规范化培训制度有了基本雏形。2006年，原卫生部确立了34个住院医师规范化培训的培训专科，在全国1100多个专业基地开展试点。由于地区差异，培训质量与效果很难统一；加之没有相应的配

---

① ［英］威廉·奥斯勒：《生活之道》，广西师范大学出版社2007年版，第211—221页。

套政策支持，参训人员积极性不高，流失较大，迫切需要全国统一的制度性规范。

2013年12月31日，原国家卫生和计划生育委员会等七部门联合出台了《关于建立住院医师规范化培训制度的指导意见》，要求到2015年，各省、自治区、直辖市须全面启动住院医师规范化培训工作；到2020年，基本建立住院医师规范化培训制度，所有新进医疗岗位的本科及以上学历临床医师，全部接受住院医师规范化培训。2014年2月13日，原国家卫生和计划生育委员会在上海召开了“建立国家住院医师规范化培训制度工作会议”，正式全面启动我国住院医师规范化培训制度建设。

住院医师规范化培训从当年小范围的试点，到全面实施的今天，取得的成绩是显著的，为各地培养了数以万计同质化的青年医师骨干。但也暴露出一些问题，如参培人员福利待遇保障不足、基层医疗卫生单位委派参培人员流失严重等。

按照《关于建立住院医师规范化培训制度的指导意见》第5项的要求，住院医师规范化培训招收对象是“拟从事临床医疗工作的高等院校医学类专业（指临床医学类、口腔医学类、中医学类和中西医结合类，下同）本科及以上学历毕业生，或已从事临床医疗工作并取得执业医师资格证书，需要接受培训的人员”。在现实中，参加住院医师规范化培训的高等院校医学类专业毕业生基本上都是培训基地本院新入职的员工，不需要经过招录，直接参加培训活动。已经进入社会非公立医疗机构或其他行业的医学院校毕业生自愿报名参加住院医师规范化培训的不占主流。其他由医疗卫生单位委派参培人员都是已具备执业医师资格，且从事临床医疗工作多年的在职住院医师。他们参加住院医师规范化培训的目的是满足人事部门有关住院医师晋升中级职称，必须经过住院医师规范化培训，考核合格的政策要求。从严格意义上讲，这部分人参加培训的性质已经不是毕业后医学教育，而是在职人员的继续教育。按照上述意见第12项“单位委派的培训对象，培训期间原人事（劳动）、工资关系不变”的规定，单位委派的参培人员占着原单位的人事编制、拿着原单位的工资，却以“培训基地住院医师队伍的一部分”的身份，在培训基地学习工作三年。其间，随着时间的推移和学习工作的深入，越来越适应培训基地的工作和生活环境，且与带教老师、周围同事建立了友情，加之培训基地与原单位客观条件的差异，主观上“乐不思蜀”，留在培训基地或到其他医疗机构发展的欲望越来越强烈。培训结束时，只要带教老师、周围同事稍加挽留或者其他医疗机构招揽，其往往就不愿再回归原单位，宁愿承担违约责任。当下，我国县级以下医疗机构存在招不到人、留不住人的情况。为了维持正常的医疗需求，县级医院便利用建设“医共体”的机会到乡镇医疗卫生机构挖人。而这又造成乡镇医疗卫生机构的医生数量减少，削弱了其为基层民众提供医疗卫生服务的能力。笔者认为，现行的住院医师规范化培训制度对城市大型医院扩张、“虹吸”基层医疗机构的优秀人才的问题解决不足，这不利于实现深化医疗卫生体制改革“强基层，保基本”的目标。

2021年6月30日，人力资源和社会保障部、国家卫生健康委员会、国家中医药管理局联合发布《关于深化卫生专业技术人员职称制度改革的指导意见》，其附件《卫生专业技术人员职称评价基本标准》，对“具备大学本科学历或学士学位，经执业医师注册后从事医疗执业活动满4年；或具备大专学历，经执业医师注册后从事医疗执业活动满6年；或具备中专学历，经执业医师注册后从事医疗执业活动满7年”的住院医师晋升主治医师的报考条件，没有要求必须具有住院医师规范化培训合格证书，而要求“具备博士学位，并取得住院医师规范化培训合格证书；或具备硕士学位，取得住院医师规范化培训合格证书后从事医疗执业活动满2年；或具备大学本科学历或学士学位，取得住院医师规范化培训合格证书后从事医疗执业活动满2年”。在现实中，恰恰是这部分人最容易被培训基地截留或被其他医疗机构挖走。

《医师法》第38条关于“国家建立健全住院医师规范化培训制度”规定中的关键词，是“建立健全”。如何才能“建立健全”，国家有关部门应当根据《医师法》有关精神，及时完善制度设计。近期，为了确保参培人员培训结束回归原单位，在修订有关管理规范性文件时，应当增加对培训基地监管和处罚的规定。即一旦发生培训基地截留参培人员，或者为参培人员前往其他医疗机构任职提供便利的情形，卫生健康主管部门须对培训基地予以严厉的处罚，情节严重的取消其培训基地资质；对于参培人员拒不回归原单位的，应当记入其诚信记录。从长计议，住院医师规范化培训终将回归毕业后医学教育的本源。医学类专业毕业生在入职医疗机构前，先进入培训基地进行住院医师规范化培训。培训合格者方可入职医疗机构从事相应的临床医疗工作。培训经费保障来源除沿用现行的政府投入、基地自筹、社会支持的多元投入机制外，用人单位在接收参培人员入职时，应当向培训基地支付一定数额的培训费用。用人单位与参培人员签订聘用劳动合同时，应当将参培人员入职后如果违反劳动合同约定离职，须向用人单位支付住院医师规范化培训费的内容写入劳动合同。以此真正意义上保障培训基地、用人单位和参培人员各方的合法权益。

三、继续教育的立法变化

继续教育（Continuing Education）是面向完成学校教育之后的所有社会成员的教育活动，是终身学习体系的重要组成部分。

医学是一个不同于数学、物理学等逻辑学科的经验学科，医师又是一个需要终身学习的职业。在一个医师的职业生涯中，从业后通过主动学习摄取、接受继续教育培训获得的知识和技能占据了重要地位。特别是我国近四十年来，随着改革开放的不断深入，数学、物理学、化学、生命科学以及信息技术科学等学科在医学领域广泛应用，先进的诊疗技术不断出现；人文社会关系也随着政治、经济环境的变化而不断地改变，人们对医师的要求越来越高。这就迫切需要医师及时补充、更新、拓展原有的知识和技能，最简便易行的途径就是积极参加继续教育，通过各种短期培训，学习新专业技术知识、新的法律法规、新的人文社会科学理念、新的医院管理理念等，进一步完善知识结构，提高创造力和专业技术水平。

《医师法》第39条和第40条在《执业医师法》原有规定的基础上，分别针对县级以上地方人民政府卫生健康主管部门、医疗机构和行业组织等为医师接受继续教育所必要的保障条件作出了规定。鉴于基层医疗卫生人员接受继续教育机会少的现实，特别新增了针对工作在基层、欠发达地区和民族地区的医疗卫生人员，地方人民政府应当采取有力措施优先保障他们接受继续医学教育的规定；新增了"县级以上人民政府卫生健康主管部门应当有计划地组织协调县级以上医疗卫生机构对乡镇卫生院、村卫生室、社区卫生服务中心等基层医疗卫生机构中的医疗卫生人员开展培训，提高其医学专业技术能力和水平"的规定。

《医师法》	《执业医师法》
第三十九条　县级以上人民政府卫生**健康主管部门和其他有关部门**应当制定医师培训计划，采取多种形式对医师进行**分级分类培训**，为医师接受继续医学教育提供条件。 县级以上人民政府应当采取有力措施，**优先保障基层、欠发达地区和民族地区的医疗卫生人员接受继续医学教育。**	第三十四条　县级以上人民政府卫生行政部门应当制定医师培训计划，对医师进行多种形式的培训，为医师接受继续医学教育提供条件。 县级以上人民政府卫生行政部门应当采取有力措施，对在农村和少数民族地区从事医疗、预防、保健业务的医务人员实施培训。
第四十条　医疗卫生机构应当**合理调配人力资源**，按照规定和计划保证本机构医师接受继续医学教育。 县级以上人民政府卫生健康主管部门**应当有计划地组织协调县级以上医疗卫生机构对乡镇卫生院、村卫生室、社区卫生服务中心等基层医疗卫生机构中的医疗卫生人员开展培训，提高其医学专业技术能力和水平。** **有关行业组织应当为医师接受继续医学教育提供服务和创造条件，加强继续医学教育的组织、管理。**	第三十五条　医疗、预防、保健机构应当按照规定和计划保证本机构医师的培训和继续医学教育。 县级以上人民政府卫生行政部门委托的承担医师考核任务的医疗卫生机构，应当为医师的培训和接受继续医学教育提供和创造条件。

四、定向培养、委托培训医学生的新规

《医师法》第41条针对基层和艰苦边远地区医师紧缺的问题，从医学生培养的源头入手，以立法的形式规定"国家在每年的医学专业招生计划和教育培训计划中，核定一定比例用于定向培养、委托培训，加强基层和艰苦边

远地区医师队伍建设”。

《医师法》
第四十一条　**国家在每年的医学专业招生计划和教育培训计划中，核定一定比例用于定向培养、委托培训，加强基层和艰苦边远地区医师队伍建设。** **有关部门、医疗卫生机构与接受定向培养、委托培训的人员签订协议，约定相关待遇、服务年限、违约责任等事项，有关人员应当履行协议约定的义务。县级以上人民政府有关部门应当采取措施，加强履约管理。协议各方违反约定的，应当承担违约责任。**

1.定向培养的全称是定向就业培养。即在招生时就已明确规定了学生毕业时的就业地区、行业或单位。招收定向培养生的目的是为老少边穷地区和艰苦行业培养人才。定向培养所需的经费由国家承担。学生在校学习的课程与其他学生相同，完成学业可获得相应的学历和学位。《医师法》本条规定“定向培养”的文字表述，应当涵盖了高等院校从专科到博士研究生各个层次的医学学历教育。

中华人民共和国成立后，各行各业人才稀缺，特别是城市管理、经济管理、行政管理等管理人才更是严重稀缺。于是，国家从在职干部、部队官兵中挑选了一些政治思想素质过硬、有初中以上文化基础（事实上多数人只有高小以上文化程度）的干部送到大学学习，毕业后回原单位或其他部门工作。1977年恢复高考后，为了保障老少边穷地区和艰苦行业的发展，原高等教育部划定了定向招生的范围：

（1）凡在新疆、青海、宁夏、甘肃、西藏、贵州、云南、广西和内蒙古九省区及国家重点建设项目中劳动、工作条件都比较艰苦的单位。

（2）农业、林业、地质、气象、建材、能源、国防、军工以及军队部门中环境和工作条件都比较差的单位。

（3）属于农林、地质、气象、建材、能源、轻工业、测绘以及国防工业系统学校的农场、林场、牧场、矿区、油田、生产建设兵团、野外地质队、养殖场、远洋捕捞船队、水电施工基地、盐场、气象台站、监狱劳教场所以及三线、国防军工单位。

（4）老革命根据地，少数民族聚居地区及山区、位居边远地区的县、旗以及工作条件比较差的行业。

招收定向培养生的院校在公布招生计划时，就应当明确哪些专业是招收定向生的。考生在填报志愿时也必须明确填报定向招生的志愿。院校定向生计划在该校调档分数线上不能完成的，可在该校调档分数线下20分以内、同批录取控制分数线以上，由省级招生办公室补充投档，学校根据考生定向志愿择优录取。

定向培养生毕业后，必须到所定向地区、行业或单位就业。否则将承担相应的违约责任。

随着我国经济体制改革的不断深入，经济形势向好，人事制度和人们的择业观念也发生了很大的改变。有鉴于此，教育部决定，自2005年起在全国范围内大幅度压缩定向培养生的范围，削减招生计划。目前只保留了极少数在边疆地区极其艰苦的行业、少数民族聚居区内的少数民族特殊专业、军队以及少数国防工业部门的特殊专业，可以招收定向培养生，且招生计划和录取工作必须公开，以便社会监督。

进入二十一世纪，我国高等医学教育已非昔日的精英教育，有授予学位资格的医学院校（部、院、系、研究所）遍布31个省、自治区、直辖市，总量超过200所，如今每年各类医学专业毕业生超过80万人。在这个背景下，《医师法》以立法的形式规定国家在每年的医学专业招生计划中核定一定比例用于定向培养，加强基层和艰苦边远地区医师队伍建设，着实令人又惊又喜。惊的是，国家教育行政部门在采取一系列措施大幅度压缩定向培养生的范围、削减招生计划后，立法规定招收定向培养生，是一项重大突破。喜的是，国家对基层和艰苦边远地区医师队伍建设给予了前所未有的重视。

2.委托培训是指由用人单位委托高等院校、培训机构为自己培训学生或工作人员。委托培训模式源自与定向培养同时期的委托培养教育，即由用人单位委托高等院校为自己培养学生。委培生与定向生一样，都是计划经济时代的产物，且产生的背景、录取方式都相同。所不同的是委托培养的目标更加强调专业对口、学以致用；学生上学期间所需的教育经费、医疗费、助学金、住宿费等费用由委托培养单位支付。学生毕业后也必须到委托培养单位工作。随着我国市场经济的发展，教育资源的丰富，人事制度的变革，从

1997年开始，在普通高等学校本、专科生教育阶段，委托培养模式已经废除。

《医师法》所规定的国家在每年的教育培训计划中核定一定比例用于委托培训，应当是指不涉及学历学位的毕业后医学教育或某些类型专项培训。

《医师法》第41条第2款具体规定："有关部门、医疗卫生机构与接受定向培养、委托培训的人员签订协议，约定相关待遇、服务年限、违约责任等事项，有关人员应当履行协议约定的义务。县级以上人民政府有关部门应当采取措施，加强履约管理。协议各方违反约定的，应当承担违约责任。"

笔者认为,《医师法》的本条规定是现阶段加强基层和艰苦边远地区医师队伍建设的权宜之计。若要彻底解决基层和艰苦边远地区医师队伍建设和稳定的问题，须出台特殊政策，给予在基层和艰苦边远地区工作的医师极其优厚的待遇。笔者曾经应邀出访越南，走访了多个省份。越南有一项政策规定，凡是从内地到中越边境省份工作的干部、医务人员、教师、工程技术人员等国家工作人员，其工资待遇是在内地工作人员的两倍。出台这样的政策无论是出于何种目的，都收到了非常好的效果，吸引了大量优秀人才到边疆省份工作。目前，在我国每年80余万医学专业应届毕业生中，能够对口入职医疗机构从事医务工作的只有3万余人，绝大多数人改行另谋出路。国家应当出台优厚的待遇政策，吸引现有毕业生到基层和艰苦边远地区工作。

第二节 | 考核制度的立法变化

《医师法》第42条明确规定了“国家实行医师定期考核制度”，同时在保留《执业医师法》第31条规定的基础上，增加了“考核周期为三年”的规定。

在《医师法》草案征求意见过程中，有学者认为本条三年为一个考核周期的规定缺乏合理性。医师执业能力考核的主要内容应当包括一个考核周期内法律法规的立法变化、医学伦理新规、专业技术新规范等。但在现实中，这些内容往往不会有太大的变化。三年为一个考核周期，增加了管理成本和负担，还有可能引导医务人员为了应对考核而轻视临床医疗工作。参考国外一般都是六年至十年为一个考核周期的规定，建议以五年为一个考核周期。全国人民代表大会在广泛听取意见建议后，综合考虑各地各类医疗机构的实际情况，沿用了草案中“考核周期为三年”的规定，但同时增加了“对具有较长年限执业经历、无不良行为记录的医师，可以简化考核程序”的规定，使本条法律规定更贴近实际和具有可操作性。

《医师法》	《执业医师法》
第四十二条　**国家实行医师定期考核制度。** 县级以上人民政府卫生健康主管部门或者其委托的医疗卫生机构、行业组织应当按照医师执业标准，对医师的业务水平、工作业绩和职业道德状况进行考核，**考核周期为三年。对具有较长年限执业经历、无不良行为记录的医师，可以简化考核程序。** **受委托的机构或者组织应当**将医师考核结果报准予注册的卫生健康主管部门备案。 对考核不合格的医师，县级以上人民政府卫生健康主管部门应当责令其暂停执业活动三个月至六个月，并接受相关专业培训。暂停执业活动期满，再次进行考核，对考核合格的，允许其继续执业。	第三十一条　受县级以上人民政府卫生行政部门委托的机构或者组织应当按照医师执业标准，对医师的业务水平、工作成绩和职业道德状况进行定期考核。 对医师的考核结果，考核机构应当报告准予注册的卫生行政部门备案。 对考核不合格的医师，县级以上人民政府卫生行政部门可以责令其暂停执业活动三个月至六个月，并接受培训和继续医学教育。暂停执业活动期满，再次进行考核，对考核合格的，允许其继续执业；对考核不合格的，由县级以上人民政府卫生行政部门注销注册，收回医师执业证书。

第三节 | 政府监管医师考核工作管辖权限的立法变化

《医师法》第43条将《执业医师法》第32条的“县级以上人民政府卫生行政部门负责指导、检查和监督医师考核工作”的管辖权限上提到“省级以上人民政府卫生健康主管部门”。如此调整，是在广泛听取各级卫生健康主管部门工作人员意见的基础上，充分考虑到县级人民政府卫生健康主管部门人员少、琐事多、工作量大、监管能力限制等因素，特别是当遇有突发公共卫生事件等特殊情形时，无暇顾及医师考核等常规性事务的实际情况，为了确保政府卫生健康主管部门对医师考核指导、检查和监督工作的落实而进行的修改。

《医师法》	《执业医师法》
第四十三条　**省级以上**人民政府卫生健康主管部门负责指导、检查和监督医师考核工作。	第三十二条　县级以上人民政府卫生行政部门负责指导、检查和监督医师考核工作。

第七章

保障措施的立法新规

为了维护医师法合法权益，保障医师有良好的执业环境，《医师法》新增了“保障措施”一章，从国家、县级以上地方人民政府、医疗机构以及社会四个方面规定了保障医师执业的具体措施。

第一节 | 国家层面保障措施新规

一、人事、薪酬、职称、奖励制度的新规

《医师法》
第五章 保障措施
第四十四条 **国家建立健全体现医师职业特点和技术劳动价值的人事、薪酬、职称、奖励制度。** **对从事传染病防治、放射医学和精神卫生工作以及其他特殊岗位工作的医师，应当按照国家有关规定给予适当的津贴。津贴标准应当定期调整。** **在基层和艰苦边远地区工作的医师，按照国家有关规定享受津贴、补贴政策，并在职称评定、职业发展、教育培训和表彰奖励等方面享受优惠待遇。**

《医师法》第44条第1款明确规定："国家建立健全体现医师职业特点和技术劳动价值的人事、薪酬、职称、奖励制度。"这既表明了国家保障医师合法权益的态度，也是针对当前存在的问题而提出的建立健全相关制度的要求。

目前，我国除少数大型三级甲等医院外，大多数公立医院都没有人事权，且越是基层情况越严重，特别是地市级和县级公立医院尤为突出。《医师法》为改革政府对医院的管理体制提供了法律依据。改革的关键点是制定能够体现医师职业特点和技术劳动价值的人事、薪酬、职称、奖励制度，尊重医师的劳动，体现以人为本的理念。

《医师法》第2款和第3款规定，针对从事传染病防治、放射医学和精神卫生工作以及其他特殊岗位工作的医师，在基层和艰苦边远地区工作的医师，无论是在公立医疗机构执业还是在非公立医疗机构执业，均应当按照国家有关规定给予适当的津贴；按照国家有关规定享受津贴、

补贴政策，并在职称评定、职业发展、教育培训和表彰奖励等方面享受优惠待遇。

二、专门针对疾病预防控制人才队伍建设的新规

《医师法》
第四十五条 **国家加强疾病预防控制人才队伍建设，建立适应现代化疾病预防控制体系的医师培养和使用机制。** **疾病预防控制机构、二级以上医疗机构以及乡镇卫生院、社区卫生服务中心等基层医疗卫生机构应当配备一定数量的公共卫生医师，从事人群疾病及危害因素监测、风险评估研判、监测预警、流行病学调查、免疫规划管理、职业健康管理等公共卫生工作。医疗机构应当建立健全管理制度，严格执行院内感染防控措施。** **国家建立公共卫生与临床医学相结合的人才培养机制，通过多种途径对临床医师进行疾病预防控制、突发公共卫生事件应对等方面业务培训，对公共卫生医师进行临床医学业务培训，完善医防结合和中西医协同防治的体制机制。**

自1949年10月1日中华人民共和国成立到2003年年初的五十多年里，我国未发生大规模的传染病流行，与医院和临床医师相比，疾病预防控制机构和工作人员普遍不受重视。2003年年初，一场突如其来的非典型性肺炎（SARS）疫情打醒了全国上上下下。从初期的认识不足，到举国上下众志成城，依靠科学、依靠群众，我国在短短几个月的时间里彻底战胜了疫情。其间各行各业都有牺牲、有奉献，有教训、有经验。疫情过后，国家适时修订了《传染病防治法》等疾病预防控制法律法规，加大了公共卫生人才培养力度，建立健全了各级疾病预防控制体系。疾病预防控制机构和公共卫生医师走进了人们的视野，社会地位较疫情前有所提高。时隔十七年的2020年年初，新型冠状病毒肺炎（COVID-19）疫情又席卷而来，举国上下在党中央、国务院的领导下，全国人民齐心协力，科学防疫、精准防疫，各级疾病预防控制机构和公共卫生医师为防疫工作提供了强有力的技术保障和指导，防疫工作取得了举世瞩目的成就。但同时也暴露出一些问题，如基层缺少公共卫生医师，疾病及危害因素监测、风险评估研判、监测预警、流行病学调查、免疫规划管理、职业健康管理等公共卫生工作能力相对薄弱，公共卫生医师与

临床医师从培养到防疫工作相互衔接不够紧密等。《医师法》将此次防疫中好的经验、需要吸取的教训以及应当补齐的短板上升为法律规定，确保公共卫生安全。

三、加强基层医疗卫生队伍和服务能力建设的立法新规

为了加强基层医疗卫生队伍和服务能力建设，《医师法》第46条从三个方面作出了新的规定。

《医师法》
第四十六条 **国家采取措施，统筹城乡资源，加强基层医疗卫生队伍和服务能力建设，对乡村医疗卫生人员建立县乡村上下贯通的职业发展机制，通过县管乡用、乡聘村用等方式，将乡村医疗卫生人员纳入县域医疗卫生人员管理。** **执业医师晋升为副高级技术职称的，应当有累计一年以上在县级以下或者对口支援的医疗卫生机构提供医疗卫生服务的经历；晋升副高级技术职称后，在县级以下或者对口支援的医疗卫生机构提供医疗卫生服务，累计一年以上的，同等条件下优先晋升正高级技术职称。** **国家采取措施，鼓励取得执业医师资格或者执业助理医师资格的人员依法开办村医疗卫生机构，或者在村医疗卫生机构提供医疗卫生服务。**

（一）将乡村医疗卫生人员纳入县域医疗卫生人员管理

乡村医疗卫生工作一直是我国医疗卫生事业的短板，2009年4月6日，中共中央国务院发布《关于深化医疗卫生体制改革的意见》，明确提出了“强基层、保基本、建机制”的改革目标，随后各地积极探索了多种加强乡村医疗卫生队伍建设和服务能力的举措。《医师法》将改革中探索出的一些好的经验和做法上升为法律。其第46条第1款规定“对乡村医疗卫生人员建立县乡村上下贯通的职业发展机制，通过县管乡用、乡聘村用等方式，将乡村医疗卫生人员纳入县域医疗卫生人员管理”，应当说是一个创举，意在解决乡村医疗卫生人员“散兵游勇”，操作不规范、随意性大，没有机会接受继续教育和培训等长期存在的问题。

（二）执业医师帮扶县级以下基层医疗机构的立法新规

《医师法》第46条第2款和第3款，将近十年来国家为了提高县级以下医疗机构的技术水平，让基层民众在家门口就能享受到高水平的医疗服务而制定的帮扶政策上升为法律规定，即“执业医师晋升为副高级技术职称的，应当有累计一年以上在县级以下或者对口支援的医疗卫生机构提供医疗卫生服务的经历；晋升副高级技术职称后，在县级以下或者对口支援的医疗卫生机构提供医疗卫生服务，累计一年以上的，同等条件下优先晋升正高级技术职称”和“国家采取措施，鼓励取得执业医师资格或者执业助理医师资格的人员依法开办村医疗卫生机构，或者在村医疗卫生机构提供医疗卫生服务”。

四、提高乡村医生医疗卫生服务能力的立法新规

我国的乡村医生是指生活在农村，未经过严格医学教育训练，持有农业户口身份，个体开业的“半农半医”农村医疗人员。乡村医生是我国医疗卫生服务队伍的重要组成部分，是亿万农民的健康“守护人”，是发展农村医疗卫生事业、保障农民健康，防止因病致贫、因病返贫的重要力量。

乡村医生自古就有，那些游走于乡村之间的土郎中就是名副其实的乡村医生。我国当代意义上的乡村医生诞生于二十个世纪六十年代，1985年1月之前被称为“赤脚医生”，是农村合作医疗的产物。中华人民共和国成立之初，国家经济实力极其薄弱，广大农村地区缺医少药，没有基本医疗保障制度，农民看病主要靠乡村游医。随着“人民公社”集体经济制度的建立，担负农民日常医疗服务的“公社卫生院”应运而生，医生的来源主要是极少数医学院校毕业生毕业分配和大医院“下放”医生、祖传医生世家、政府委托培养的回乡中专毕业生。农民生病开始到医院就诊，但诊疗费用需自理。农村的游医郎中逐渐被取缔。1966年春，湖北省长阳土家族自治县乐园公社暴发了一场麻疹、百日咳、脑炎并发的传染病疫情。在抗

疫过程中，农民、当地政府干部议论最多的问题是如何解决就近看病、医疗费互助分担的问题。为了解决这一问题，从公社卫生院抽调回村抗疫的医生覃祥官在当地党委支持下，创办了我国第一个村卫生室——杜家村生产大队卫生室，创造性地建立了由农民个人、公社共同出资的“合作医疗”体系。由于乐园村800多户村民散居在海拔200米至1600米的山区里，气候环境多雨潮湿，覃祥官经常是背着药箱、卷着裤腿、赤脚穿着草鞋翻山越岭走家串户出诊，于是被乡亲们亲切地称为“赤脚医生”。这一“新生事物”很快在当地推广，消息也不胫而走。1968年9月至12月，《人民日报》《红旗杂志》《文汇报》等媒体大力宣传报道了“乐园经验”。随后，这种由农民自发组织的合作医疗模式和“赤脚医生”称谓迅速在全国各地普遍推广开来。到1977年年底，全国有85%的农村生产大队实行了合作医疗，“赤脚医生”数量达到150多万人。

随着农村经济体制改革，农民的生活水平发生了质的飞跃。农民对高水平高质量的医疗服务需求越来越高。带有鲜明时代特色的“赤脚医生”称谓已不适应时代发展的需要，1985年1月25日，《人民日报》发表《不再使用“赤脚医生”名称，巩固发展乡村医生队伍》一文，从此“赤脚医生”的称谓消失在人们的视野中，改称乡村医生。

2003年7月30日，国务院第16次常务会议通过了《乡村医生从业管理条例》，2004年1月1日起施行。该条例明确规定乡村医生经过相应的注册及培训考试后，以正式的名义执照开业。2011年7月2日，国务院办公厅印发了《关于进一步加强乡村医生队伍建设的指导意见》，强调“按照保基本、强基层、建机制的要求，从实际出发，明确乡村医生职责，改善执业场所，实现村卫生室和乡村医生全覆盖；将村卫生室纳入基本药物制度和新型农村合作医疗门诊统筹实施范围，完善乡村医生补偿、养老政策，健全培养培训制度，规范执业行为，强化管理指导，提高乡村医生服务水平，为农村居民提供安全有效、方便价廉的基本医疗卫生服务”。该意见从明确乡村医生职责、实现村卫生室和乡村医生全覆盖、加强乡村医生和村卫生室管理、将村卫生室纳入相关制度实施范围、完善乡村医生补偿和养老政策、健全乡村医生培养培训制度、切实做好组织实施工作七个方面提出具体意见。

随着农村城镇化建设和发展以及农村青年大量到城市发展，农村的常住人口大幅减少；随着农村信息化建设、交通设施建设、新型农村合作医疗保障制度的不断完善，农民对医疗保健服务的需求也在悄然发生变化，乡村医生的数量随之减少。截至2020年年底，我国还有70多万名乡村医生坚守在一线。[①] 乡村医生的结构呈现两个极端，一端是当年的“赤脚医生”，这部分人基本上都到了古稀之年，医学基础理论差，实践经验相对丰富。另一端是2000年以后，从中等医学专业学校毕业回乡的学生，这部分人有一定的基本医学理论基础，实践经验一般，思想比较活跃，在诊疗之余多从事医疗保健活动，服务对象也基本上都是留守老年人和儿童。

为了提高乡村医生的医疗卫生服务能力，促进农村城镇化建设中部分乡村医生的转型，《医师法》针对乡村医生的现状和上述国家有关政策，制定了第47条规定。

《医师法》
第四十七条　**国家鼓励在村医疗卫生机构中向村民提供预防、保健和一般医疗服务的乡村医生通过医学教育取得医学专业学历；鼓励符合条件的乡村医生参加医师资格考试，依法取得医师资格。** **国家采取措施，通过信息化、智能化手段帮助乡村医生提高医学技术能力和水平，进一步完善对乡村医生的服务收入多渠道补助机制和养老等政策。** **乡村医生的具体管理办法，由国务院制定。**

五、对优秀医师表彰的立法新规

《医师法》第48条以立法的形式，对表现突出的优秀医师作出了按照国家有关规定给予表彰、奖励的规定。

① 孙东东主编：《卫生法学（第3版）》（高等学校“十四五”医学规划新形态教材），高等教育出版社2021年版，第70页。

《医师法》
第四十八条　医师有下列情形之一的，按照国家有关规定给予表彰、奖励： （一）在执业活动中，医德高尚，事迹突出； （二）在医学研究、教育中开拓创新，对医学专业技术有重大突破，做出显著贡献； （三）遇有突发事件时，在预防预警、救死扶伤等工作中表现突出； （四）长期在艰苦边远地区的县级以下医疗卫生机构努力工作； （五）在疾病预防控制、健康促进工作中做出突出贡献； （六）法律、法规规定的其他情形。

第二节 | 维护正常医疗秩序的立法新规

为了保护医患双方合法权益，防范和打击扰乱正常医疗秩序的涉医违法犯罪行为，《医师法》第49条引用了《民法典》第1228条规定的内容，并结合2012年4月30日原卫生部和公安部联合印发了《关于维护医疗机构秩序的通告》的有关内容，作了较为详细的法律规定。

基于我国社会管理的特点，本条法律特别强调了县级以上地方人民政府在维护医疗机构正常医疗秩序中的职责。

《医师法》
第四十九条 **县级以上人民政府及其有关部门应当将医疗纠纷预防和处理工作纳入社会治安综合治理体系，加强医疗卫生机构及周边治安综合治理，维护医疗卫生机构良好的执业环境，有效防范和依法打击涉医违法犯罪行为，保护医患双方合法权益。** **医疗卫生机构应当完善安全保卫措施，维护良好的医疗秩序，及时主动化解医疗纠纷，保障医师执业安全。** **禁止任何组织或者个人阻碍医师依法执业，干扰医师正常工作、生活；禁止通过侮辱、诽谤、威胁、殴打等方式，侵犯医师的人格尊严、人身安全。**

近二十多年来，各种扰乱医疗秩序、伤医事件频发，不仅侵害了医疗机构及其医务人员的合法权益，也严重损害了广大遵纪守法患者的利益。为了维护医疗机构正常的医疗秩序，保护医务人员的合法权益不受侵害，2010年实施的《侵权责任法》第64条首次以立法的形式规定“医疗机构及其医务人员的合法权益受法律保护。干扰医疗秩序，妨害医务人员工作、生活的，应当依法承担法律责任”。在《侵权责任法》制定过程中，针对此条规定学术界存在一定争议。部分学者认为，本条规定的内容不属于医疗损害侵权的范畴，应当予以删除。但大部分学者和立法者认为，我国各种扰乱医疗秩序的乱象已经到了非治理不可的地步，写与不写社会重视程度不一样，同时也须为有关部门惩治侵害医疗机构及其医务人员合法权益的行为提供法律依据，于是

此条款得以保留。经过十多年的实践检验，本条规定取得了一定的积极效果。《民法典》第1228条在此基础上进行了修订，增加了“侵害医务人员合法权益”的限制条件，使本条规定与其他医疗损害侵权责任的规定相契合。即“医疗机构及其医务人员的合法权益受法律保护。干扰医疗秩序，妨碍医务人员工作、生活，侵害医务人员合法权益的，应当依法承担法律责任”。

2018年1月1日实施的《医疗纠纷预防和处理条例》为了各方利益的平衡，对在医疗纠纷处理中医患双方的行为都加以规范，即第53条规定的“医患双方在医疗纠纷处理中，造成人身、财产或者其他损害的，依法承担民事责任；构成违反治安管理行为的，由公安机关依法给予治安管理处罚；构成犯罪的，依法追究刑事责任”。

我国《治安管理处罚法》针对扰乱公共秩序、寻衅滋事、限制人身自由、侮辱、诽谤、故意伤害和破坏公私财物的行为，分别作了具体的治安管理处罚规定。对于情节严重，构成犯罪的，我国《刑法》分别以聚众扰乱社会秩序罪、寻衅滋事罪、侮辱罪和诽谤罪、故意或者过失杀人罪、故意伤害罪、故意毁坏财物罪处以刑事处罚。

长期以来，我国有关管理部门一直将医疗机构的安全保卫工作划入教科文卫体文化事业单位内部保卫体系中，从而推衍出医疗机构不是公共场所的结论。医院发生了医闹事件，公安机关接报，首先出警的是文保部门，而非治安部门。文保部门解决不了了，才找治安部门协助。在现实中，由于一些执法人员的观念中存在“患者是弱者”“医院总比个人富”“医院多少都有点儿错”等错误认识，治安部门的执法力度也有所不足，这在一定程度上助长了医闹现象。

所谓公共场所（Public Place），是指公众经常聚集，从事社会生活的各种场所的总称，包括所有为满足公众进行工作、学习、商业、餐饮、医疗、文化、体育、社交、娱乐、旅游等生活需求所使用的公用建筑、场所和设施。医疗机构作为面向全社会为公众提供医疗卫生服务的机构，无论是内涵还是外延都是不折不扣的公共场所。这本是个不应该有争议的问题，却因部分工作人员的思想僵化，成了一个有争议的问题。

2020年6月1日起施行的《基本医疗卫生与健康促进法》第46条明确规

定“医疗卫生机构执业场所是提供医疗卫生服务的公共场所，任何组织或者个人不得扰乱其秩序”，用立法的形式确立医疗机构的公共场所地位。

针对北京市优质医疗资源集中、就医人员结构复杂、伤医事件多发的问题，北京市走在了全国依法治理的最前列。2020年6月5日，北京市第十五届人民代表大会常务委员会第二十二次会议通过了《北京市医院安全秩序管理规定》，这是全国首部维护医院安全秩序的地方性法规。该管理规定确立了医院安全秩序管理工作遵循预防为主、综合治理、医警联动、依法处置、共同维护的工作原则；确立了医院是提供医疗卫生服务的公共场所的地位；规定了市区两级政府、卫生健康管理部门、公安机关、医疗机构在维护医院安全工作中各自的职责，医务人员的自我保护措施；规定了医警联动的具体措施；明确了医院安防设施建设以及进入医院人员安检的要求、特殊人员的安保措施；明列危害医疗安全行为的种类；建立危害医院安全秩序的行为人黑名单；明确各项处罚措施。其中最为耀眼的亮点是首次建立了医警联动机制、进入医院人员须经过安检、建立危害医院安全秩序的行为人黑名单及医务人员自我保护措施。该管理规定自2020年7月1日实施以来，取得了明显的积极效果。全市医警联动的信息平台已经搭建完成，公安机关出警迅速；二级以上医院陆续安装了安检设施，配齐了安检人员，查获了为数不少的违禁物品；医闹事件大幅减少。大幅提升了医务人员和患者诊疗环境的安全感。此经验值得其他省、自治区、直辖市借鉴，全国推广。

第三节 | 医疗机构应当为医师提供劳动保护的立法新规

针对当前医师在执业过程中，职业暴露、职业危害因素多，工作压力大，工作时间过长等问题，依照《宪法》和《劳动法》有关用人单位须为劳动者提供劳动保护的规定，《医师法》第50条和第51条对各类医疗机构作出了“应当为医师提供职业安全和卫生防护用品，并采取有效的卫生防护和医疗保健措施。医师受到事故伤害或者在职业活动中因接触有毒、有害因素而引起疾病、死亡的，依照有关法律、行政法规的规定享受工伤保险待遇”和“为医师合理安排工作时间，落实带薪休假制度，定期开展健康检查”的规定。无论是公立医院还是非公立医院均需严格遵照执行，否则将承担相应的法律责任。

《医师法》
第五十条　**医疗卫生机构应当为医师提供职业安全和卫生防护用品，并采取有效的卫生防护和医疗保健措施。** **医师受到事故伤害或者在职业活动中因接触有毒、有害因素而引起疾病、死亡的，依照有关法律、行政法规的规定享受工伤保险待遇。**
第五十一条　**医疗卫生机构应当为医师合理安排工作时间，落实带薪休假制度，定期开展健康检查。**

第四节 | 社会保障的立法新规

一、医疗风险保险分担机制的立法新规

《医师法》第52条将《医疗纠纷预防和处理条例》第7条有关国家建立完善医疗风险分担机制的规定上升为法律规定，且将该条例中“鼓励医疗机构参加医疗责任保险”的规定改为强制性的“医疗机构应当参加医疗责任保险或者建立、参加医疗风险基金”。

在法律语言规范中，“应当”即为必须；“或者”“可以”为可选择；“不得”即为禁止。按照《保险法》的规定，保险人与被保险人之间的法律关系是平等民事主体之间的合同关系。投保人参加保险应当遵循自愿原则，但法律另有规定的依照其规定，如《道路交通安全法》规定的“机动车交通事故责任强制保险”等。《医师法》此项规定即为强制规定。

《医师法》
第五十二条　**国家建立完善医疗风险分担机制。医疗机构应当参加医疗责任保险或者建立、参加医疗风险基金。鼓励患者参加医疗意外保险。**

保险（Insurance）是经济损失的分担机制。保险是市场经济条件下风险管理的基本手段，是社会保障体系的重要支柱，也是当今世界最成熟的社会经济救济制度。

实事求是地讲，医疗纠纷一旦发生，医患双方无论是通过协商、调解，还是司法诉讼，发生各种争议，其最终目标都要落实到一个“钱”字上。医方希望不赔或少赔，患方则要求一定要赔，且得多赔。如果能建立一个医疗风险分担和第三方赔付的机制，很多医疗纠纷在初期就可快速解决，这个机制就是保险分担机制。

《医疗纠纷预防和处理条例》第7条规定："国家建立完善医疗风险分担机制，发挥保险机制在医疗纠纷处理中的第三方赔付和医疗风险社会化分担的作用，鼓励医疗机构参加医疗责任保险，鼓励患者参加医疗意外保险。"《疫苗管理法》第56条针对疫苗不良反应补偿机制也明确提出"国家鼓励通过商业保险等多种形式对预防接种异常反应受种者予以补偿"。原国家卫生计划生育委员会、司法部、财政部、中国保监会、国家中医药管理局联合印发《关于加强医疗责任保险工作的意见》（国卫医发〔2014〕42号）从充分认识发展医疗责任保险对构建和谐医患关系的重要作用；加强组织领导，提高医疗责任保险参保率和保险服务水平；加强协调配合，共同推动医疗责任保险工作深入开展；加强经验总结，积极探索符合我国国情的医疗风险分担机制；加强宣传引导，营造医疗责任保险良好社会氛围；加强督导考核，确保医疗责任保险工作落实六个方面，提出鼓励医疗机构参加医疗责任保险的指导意见。

笔者认为，人非圣贤，孰能无过，更何况医疗机构及其医务人员作为高风险技术的运行者，其诊疗行为出现错误实难完全避免。医疗机构参加医疗责任保险，可有效化解医疗风险，分担因过错责任承担的经济赔偿损失，切实减轻医疗机构及其医务人员的压力。

1. 医疗责任保险（Medical Liability Insurance），是指投保医疗机构和医务人员在保险期内，因医疗责任发生经济赔偿或法律费用，保险公司将依照事先约定承担赔偿责任。

医疗责任保险适用《民法典》规定的所有因医疗过错行为导致的医疗损害责任情形。具体内容包括：违反医疗卫生法律、法规、规章、规范；未尽与当时医疗水平相应的诊疗注意义务；未尽法定告知义务及知情同意义务；未尽法定病历管理义务；未尽使用合格医疗产品实施医疗活动的义务；未尽合理检查义务；未尽保护病人隐私和个人信息义务。

2. 医疗意外保险（Medical Accident Insurance），是指按照保险合同约定发生不能归责于医疗机构、医护人员责任的医疗损害，为被保险人提供保障的保险。

依照中国银行保险监督委员会于2019年12月1日起施行的《健康保险管

理办法》第2条规定，医疗意外保险属健康险的一项险种，即“本办法所称健康保险，是指由保险公司对被保险人因健康原因或者医疗行为的发生给付保险金的保险，主要包括医疗保险、疾病保险、失能收入损失保险、护理保险以及医疗意外保险等”。

按照《医疗纠纷预防和处理条例》之规定，医疗意外保险的参保主体是患者。笔者认为医疗机构也应借鉴民用航空业参加航空意外保险的经验，参加医疗意外保险。因为在现实中动员患者主动参加医疗意外保险有一定难度，由医疗机构为患者参保不仅容易操作，而且一旦发生由于患者的病情或患者体质特殊而导致的难以预料和防范的死亡、残疾或者功能障碍等不属于医疗损害的不良后果，医疗机构可以占据主动。

医疗意外保险适用《民法典》规定的主要情形为法定公平补偿责任、部分无过错责任以及法定医疗损害免责等。

3.公共责任保险（Public Liability Insurance），公共责任保险又称普通责任保险或综合责任保险，指被保险人或其雇员在从事所保业务活动中，因意外事故对第三者造成的人身伤害（疾病、残疾、死亡）和财产损害或灭失所引起法律赔偿责任的保险。

公共责任保险主要适用于《民法典》规定的无过错责任情形，如患者或其他来院人员在医院内摔伤等情形。

保险是以防万一的，是以小额投入获得大额经济损失的分担。在此提请医疗机构的管理者们，不要只算保费投入与医疗纠纷赔偿数额性价比的小账，不妨用自家的机动车交通事故保险类比，保险对化解医疗纠纷的积极作用和意义也就一目了然了。二十个世纪八十年代末至九十年代初，汽车开始进入普通家庭。但因当时保险机制并不完善，一旦发生交通事故，须车主自掏腰包解决，为此双方打得头破血流的案例屡见不鲜。随着保险机制的不断完善，在私家车极度普及的今天，这一场景已极为罕见。近年来，国内一些省份开展了由医疗纠纷调解机构牵头，引导医疗机构参加医疗责任保险，引导需进行高风险外科手术等高危患者参加医疗意外保险的工作。这在很大程度上发挥了保险机制在医疗纠纷处理中的第三方赔付和医疗风险社会化分担的作用，取得了明显的积极效果。

有医疗机构管理者担心，医疗机构参加了医疗责任保险，有可能导致医务人员产生有医疗责任保险兜底的心态，放松对医疗质量的追求；患者或者其亲属得知医疗机构参加了医疗责任保险，有可能产生“有枣没枣，先打一竿子再说”的心态，导致医疗纠纷数量的增加，甚至因少数别有用心的人诈保骗保，给医疗机构日常管理制造麻烦。这些医疗机构管理者的顾虑可以理解，现实中也的确发生过类似的案件。对此，笔者认为保险是市场经济条件下风险管理的手段，保险机构的运营也是市场化的运营模式，收取保费的计算标准与赔付数额直接挂钩。如若在一个保险周期内赔付数额巨大，或者因相同类型的过错反复出现多次理赔，保险机构可以聘请有关专家直接介入医疗机构进行医疗质量监督管理，用市场经济手段约束医疗机构及其医务人员的诊疗行为，加强医疗质量管理，提高诊疗服务水平。针对患方提出的保险理赔诉求，保险机构一定会依据各种证据材料进行严格的审查，绝对不会轻易理赔；如果发现有诈保骗保嫌疑，保险机构会主动依据《刑法》第198条保险诈骗罪向公安机关报案。

《医师法》第52条规定医疗机构除必须参加医疗责任保险外，可以建立、参加医疗风险基金。医疗风险基金（Medical Risk Fund）是指医疗机构自行建立的用于内部管理的医疗风险分担机制。即医疗机构设立基金池，从各科室及其医务人员的收入中提取一定比例数额放入基金池中，一旦发生医疗纠纷赔偿，即从基金中支付赔偿金。若当年未发生支付赔偿金的情形，基金可结转下年或按一定比例返还相关科室及其医务人员。近年来，一些由地市、县级地方政府卫生健康主管部门牵头，当地医疗机构出资共同建立的医疗风险基金应运而生，用于支付当地医疗纠纷调解委员会调解结果的赔偿费用。设立医疗风险基金的目的是加强医疗机构对医务人员的管理，增强医务人员防范医疗风险和主动为患者服务的意识，化解医疗纠纷。其优点是对医务人员有一定的约束力，操作相对简便，当年未花完的钱还留在医疗机构的账户上。缺点是基金池盘子小，资金周转不起来。由于医疗风险基金是基于行政管理模式建立的政策性纠纷解决机制，无国家层面的法律制度规范，从实际效果上看，医疗风险基金发挥的作用远不及保险机制。

在当下优质医疗服务供需矛盾突出、医患关系不和谐、社会环境复杂的社会背景下，医疗机构管理者们应当贯彻执行《医师法》第52条的规定，转变传统依靠行政管理的思维模式，学会运用市场经济的杠杆解决市场经济体制下的社会问题，跟上社会发展的步伐。

二、对新闻媒体行为自律的立法新规

《医师法》
第五十三条　**新闻媒体应当开展医疗卫生法律、法规和医疗卫生知识的公益宣传，弘扬医师先进事迹，引导公众尊重医师、理性对待医疗卫生风险。**

二十个世纪九十年代末医疗纠纷开始爆发，成因涉及很多方面，其中一个重要原因就是少数新闻媒体为了吸引眼球的炒作和误导。2018年10月1日实施的《医疗纠纷预防和处理条例》第8条规定："新闻媒体应当加强医疗卫生法律、法规和医疗卫生常识的宣传，引导公众理性对待医疗风险；报道医疗纠纷，应当遵守有关法律、法规的规定，恪守职业道德，做到真实、客观、公正。"《医师法》第53条将其主要内容上升为法律规定。但遗憾的是，在本法第六章对法律责任的规定中，没有针对新闻媒体违反本条法律规定，应当如何承担承法律责任的规定。虽然《医疗纠纷预防和处理条例》第51条规定："新闻媒体编造、散布虚假医疗纠纷信息的，由有关主管部门依法给予处罚；给公民、法人或者其他组织的合法权益造成损害的，依法承担消除影响、恢复名誉、赔偿损失、赔礼道歉等民事责任。"但这只是行政法规，无论是法律位阶还是法律效力都低于法律规定。在现实中，虽然政府设有新闻管理部门，但对有关医疗纠纷新闻报道的管理力度相对薄弱，新闻媒体的行为规范离不开新闻媒体从业者的自律。

医疗机构及其医务人员若因新闻媒体的错误报道给自己造成人格权或财产权损害的，可依照《民法典》"侵权责任编"的有关规定，向人民法院提起侵权诉讼。

第八章

法律责任的立法变化

法律责任（Legal Responsibility）是指因违反了法定义务或契约义务，或不当行使法律权利、权力所产生的，由行为人承担的不利后果。法律责任是履行法律义务的保障机制和违反法律义务的矫正机制。

法律责任的构成需同时满足五个条件：第一，须有明确的法律责任主体。简而言之，发生违法违约行为后，需承担责任者即为法律责任主体。法律责任主体既可以是违法主体，也可以是承担法律责任的主体。责任主体与违法主体可以不是同一个主体。如《民法典》第1218条规定“患者在诊疗活动中受到损害，医疗机构或者其医务人员有过错的，由医疗机构承担赔偿责任”，此时犯错的可能只是医务人员，但面对患者直接承担赔偿责任的法律责任主体是医疗机构，而不是医务人员。因为医疗机构是责任主体，医务人员是行为主体，医疗机构承担着对医务人员的管理责任。第二，须有违反法律所规定的义务、超越权利的界限行使权利以及侵权的违法行为或违约行为。第三，行为人须有主观过错。第四，须有确切的损害事实。第五，行为人的主观过错与损害结果之间须存在因果关系。

根据违法行为所违反的法律的性质，可以把法律责任分为民事责任、刑事责任、行政责任和国家赔偿责任。

民事责任是指由于违反民事法律规定、违约或者法定应承担责任的一种法律责任。承担责任的方式包括：停止侵害、排除妨碍、消除危险、返还财产、恢复原状、修理、重作、更换、赔偿损失、支付违约金、消除影响、恢复名誉、赔礼道歉等。

刑事责任是指行为人因其犯罪行为所必须承受的，由司法机关代表国家所确定的法律后果。承担责任的方式包括：管制、拘役、有期徒刑、无期徒刑和死刑的主刑；罚金、剥夺政治权利、没收财产和驱逐出境的附加刑。

行政责任是指因违反行政法规定或法定应当承担责任的一种法律责任。承担责任的方式包括：警告、记过、记大过、降级、撤职和开除的行政处分；警告、罚款、没收违法所得、没收非法财物、责令停产停业、暂扣或吊销许可证、暂扣或者吊销执照、行政拘留以及法律行政法规规定的其他行政处罚。

国家赔偿责任是指国家机关行使公权力时，由于国家机关及其工作人员违法行使职权所引起的由国家作为承担主体的赔偿责任，相关责任人依法承担相应的法律责任。

《医师法》是规范医师执业行为的专门法，执法主体是各级人民政府卫生健康主管部门。因此，所列承担法律责任的主要类型是行政法律责任。涉及刑事犯罪、民事侵权等法律责任采用依法追究刑事责任、民事赔偿责任的联系条款予以规定。

在民间有种广泛流传的说法，就是“打了不罚，罚了不打”。事实绝非如此，不同性质的法律责任是不能相互替代的，对有些严重的违法行为有可能并罚。如医师在诊疗活动中，严重不负责任，诊疗行为违法违规，导致患者死亡，经鉴定为一级甲等医疗事故，且承担全部责任。其法律责任的分配，依照《民法典》第1218条的规定，医疗机构需承担医疗损害侵权的民事赔偿责任；依照《刑法》第335条的规定，医师本人有可能被追究医疗事故罪的刑事责任以及附带民事赔偿责任；依照《医师法》第55条以及《医疗事故处理条例》第35条的规定，卫生健康主管部门依法吊销医师本人的执业资格证书，对医疗机构予以行政处罚。如情节或后果极其严重，还有可能追究医疗机构负责人、科室负责人的行政法律责任和刑事法律责任。

第一节 | 违反医师资格考试规定的法律责任立法变化

《医师法》第54条在《执业医师法》第36条的基础上，分三款对违反医师资格考试规定行为的法律责任作出了规定。

《医师法》	《执业医师法》
第六章　法律责任	第五章　法律责任
第五十四条　**在医师资格考试中有违反考试纪律等行为，情节严重的，一年至三年内禁止参加医师资格考试。** 以不正当手段取得医师资格证书或者医师执业证书的，由发给证书的卫生**健康主管**部门予以**撤销，三年内不受理其相应申请。** **伪造、变造、买卖、出租、出借医师执业证书的，由县级以上人民政府卫生健康主管部门责令改正，没收违法所得，并处违法所得二倍以上五倍以下的罚款，违法所得不足一万元的，按一万元计算；情节严重的，吊销医师执业证书。**	第三十六条　以不正当手段取得医师执业证书的，由发给证书的卫生行政部门予以吊销；对负有直接责任的主管人员和其他直接责任人员，依法给予行政处分。

一、新增违反考试纪律处罚的立法新规

为了维护医师资格考试公平公正的公信力和考生的合法权益，严肃考试纪律，《医师法》第54条第1款新增了在医师资格考试过程中，有作弊等违反考试纪律的行为，且情节严重的，予以一年至三年内禁止参加医师资格考试的处罚规定。

二、非法取得医师资格证书或者医师执业证书的处罚的立法变化

《医师法》第54条第2款对《执业医师法》第34条进行了三处修订。

1.将以不正当手段取得医师执业证书的，“由发给证书的卫生行政部门予以吊销”中的“吊销”改为“撤销”。本条规定源自《行政许可法》第69条第2款“被许可人以欺骗、贿赂等不正当手段取得行政许可的，应当予以撤销”的规定。

卫生健康主管部门颁发医师资格证书的性质是一种法定的行政许可行为。所谓行政许可（The Administrative Licensing），是指在法律一般禁止的情况下，行政主体依据法律赋予的职责和权限，根据行政相对方的申请，通过颁发许可证或执照等形式，依法赋予特定的行政相对方从事某种活动或实施某种行为的权利或资格的行政行为。通俗地讲，就是国家立法禁止没有取得医师资格的人员行医。若要行医，则须通过国家医师资格考试并合格，获得国家颁发的医师资格证书。行政许可成立的前提是被许可人申请的许可事项合法合规。如果被许可人通过不正当的手段，骗取医师资格证书，该行政许可不成立，发证的卫生健康主管部门一经发现查实，须依法撤销该行政许可。而吊销是一种行政处罚，是指行为人已经通过合法程序获得医师资格证书，因为有违法行为，卫生健康主管部门作出吊销其医师资格证书的处罚。如此修改，使法律条文的文字表述更加严谨规范。

2.增加对被撤销医师资格证书者三年内不受理其相应申请的规定，以此提高违法成本。

3.将《执业医师法》第36条中的“对负有直接责任的主管人员和其他直接责任人员，依法给予行政处分”的内容并入《医师法》的第62条。

三、对伪造、变造、买卖、出租、出借医师执业证书处罚的立法新规

《医师法》第54条第3款针对已经取得医师执业证书的医师实施“伪造、变造、买卖、出租、出借医师执业证书”的行为，规定“由县级以上人民政府卫生健康主管部门责令改正，没收违法所得，并处违法所得二倍以上五倍以下的罚款，违法所得不足一万元的，按一万元计算；情节严重的，吊销医师执业证书”。

第二节 | 对医师违反执业规则处罚的立法变化

《医师法》第55条至第58条，在《执业医师法》原有针对医师违反执业规则规定处罚的基础上进行了修改和增项。

一、违反医政管理、执业义务法律责任的立法变化

鉴于医师在诊疗活动中，对国家有关医政管理的法律法规的重视程度逊于执业权利义务的现实状况，《医师法》将《执业医师法》第37条违反执业规则的法律责任处罚规定，拆分成第55条违反医政管理法律责任和第56条违反执业义务法律责任两条法律规定，使罚则更加清晰明确。

《医师法》	《执业医师法》
第五十五条　违反本法规定，医师在执业活动中有下列行为之一的，由县级以上人民政府卫生健康主管部门**责令改正**，给予警告；**情节严重的**，责令暂停六个月以上一年以下执业活动直至吊销医师执业证书： （一）**在提供医疗卫生服务或者开展医学临床研究中，未按照规定履行告知义务或者取得知情同意；** （二）**对需要紧急救治的患者，拒绝急救处置**，或者由于不负责任延误诊治； （三）遇有自然灾害、事故灾难、公共卫生事件和社会安全事件等严重威胁人民生命健康的突发事件时，不服从卫生健康主管部门调遣； （四）**未按照规定报告有关情形；** （五）**违反法律、法规、规章或者执业规范，造成医疗事故或者其他严重后果。**	第三十七条　医师在执业活动中，违反本法规定，有下列行为之一的，由县级以上人民政府卫生行政部门给予警告或者责令暂停六个月以上一年以下执业活动；情节严重的，吊销其执业证书；构成犯罪的，依法追究刑事责任： （一）违反卫生行政规章制度或者技术操作规范，造成严重后果的； （二）由于不负责任延误急危患者的抢救和诊治，造成严重后果的； （三）造成医疗责任事故的； （四）未经亲自诊查、调查，签署诊断、治疗、流行病学等证明文件或者有关出生、死亡等证明文件的； （五）隐匿、伪造或者擅自销毁医学文书及有关资料的；

续表

《医师法》	《执业医师法》
第五十六条 **违反本法规定，医师在执业活动中有下列行为之一的，由县级以上人民政府卫生健康主管部门责令改正，给予警告，没收违法所得，并处一万元以上三万元以下的罚款；情节严重的，责令暂停六个月以上一年以下执业活动直至吊销医师执业证书：** （一）泄露患者隐私**或者个人信息**； （二）**出具虚假医学证明文件，或者**未经亲自诊查、调查，签署诊断、治疗、流行病学等证明文件或者有关出生、死亡等证明文件； （三）隐匿、伪造、**篡改**或者擅自销毁病历等医学文书及有关资料； （四）未按照规定使用麻醉药品、医疗用毒性药品、精神药品、放射性药品等； （五）利用职务之便，索要、非法收受财物或者牟取其他不正当利益，**或者违反诊疗规范，对患者实施不必要的检查、治疗造成不良后果**； （六）**开展禁止类医疗技术临床应用**。	（六）使用未经批准使用的药品、消毒药剂和医疗器械的； （七）不按照规定使用麻醉药品、医疗用毒性药品、精神药品和放射性药品的； （八）未经患者或者其家属同意，对患者进行实验性临床医疗的； （九）泄露患者隐私，造成严重后果的； （十）利用职务之便，索取、非法收受患者财物或者牟取其他不正当利益的； （十一）发生自然灾害、传染病流行、突发重大伤亡事故以及其他严重威胁人民生命健康的紧急情况时，不服从卫生行政部门调遣的； （十二）发生医疗事故或者发现传染病疫情，患者涉嫌伤害事件或者非正常死亡，不按照规定报告的。

二、新增超注册范围执业的法律责任规定

《医师法》第57条针对医师未按照注册的执业地点、执业类别、执业范围执业的情形，新增了处罚规定。此条法律规定的内容需医疗机构管理者和所有医务人员高度关注，严格执行《医师法》第二章的规定，依法行医。

《医师法》
第五十七条 **违反本法规定，医师未按照注册的执业地点、执业类别、执业范围执业的，由县级以上人民政府卫生健康主管部门或者中医药主管部门责令改正，给予警告，没收违法所得，并处一万元以上三万元以下的罚款；情节严重的，责令暂停六个月以上一年以下执业活动直至吊销医师执业证书。**

三、新增严重违反职业道德、伦理规范从事医疗、科研活动法律责任的规定

针对近年来发生的某些医师和科研人员严重违反医师职业道德、医学伦理规范，擅自开展一些涉及人类遗传信息、辅助生殖、基因编辑、疾病谱系等科学研究和人体实验，造成恶劣社会影响的事件，《医师法》第58条首次以立法的形式，作出予以严厉处罚的规定。在此须提醒所有医疗机构管理者和医务人员，国家鼓励医务人员积极从事医学创新科学研究活动，但是科学研究不是没有红线的。从事医学科学研究活动首先要充分了解国家有关法律法规和政策规定，必须恪守职业道德和医学伦理规范。

《医师法》
第五十八条　**严重违反医师职业道德、医学伦理规范，造成恶劣社会影响的，由省级以上人民政府卫生健康主管部门吊销医师执业证书或者责令停止非法执业活动，五年直至终身禁止从事医疗卫生服务或者医学临床研究。**

第三节 | 非法行医法律责任的立法变化

《医师法》第59条针对“非医师行医”的法律责任作出了新的规定。条文中将《执业医师法》第39条中“未经批准擅自开办医疗机构行医”以及相应的处罚措施予以删除，这是由于《医师法》的任务是规范医师的执业行为，未经批准擅自开办医疗机构属《医疗机构管理条例》规范的内容，不属于《医师法》调整的内容。

《医师法》	《执业医师法》
第五十九条　违反本法规定，非医师行医的，由县级以上人民政府卫生健康主管部门责令停止非法执业活动，没收违法所得和药品、医疗器械，**并处违法所得二倍以上十倍以下的罚款，违法所得不足一万元的，按一万元计算。**	第三十九条　未经批准擅自开办医疗机构行医或者非医师行医的，由县级以上人民政府卫生行政部门予以取缔，没收其违法所得及其药品、器械，并处十万元以下的罚款；对医师吊销其执业证书；给患者造成损害的，依法承担赔偿责任；构成犯罪的，依法追究刑事责任。

第四节 | 违反治安管理法律责任的立法变化

《医师法》第60条在《执业医师法》第40条规定的基础上，针对阻碍医师依法执业，干扰医师正常工作、生活，或者通过侮辱、诽谤、威胁、殴打等方式，侵犯医师人格尊严、人身安全，构成违反治安管理行为，依法给予治安管理处罚的规定，进行了文字表述的微调。

《医师法》	《执业医师法》
第六十条　违反本法规定，阻碍医师依法执业，干扰医师正常工作、生活，或者通过侮辱、诽谤、威胁、殴打**等方式，侵犯医师人格尊严、人身安全，构成违反治安管理行为的，依法给予治安管理处罚。**	第四十条　阻碍医师依法执业，侮辱、诽谤、威胁、殴打医师或者侵犯医师人身自由、干扰医师正常工作、生活的，依照治安管理处罚法的规定处罚；构成犯罪的，依法追究刑事责任。

第五节 医疗机构和政府有关部门工作人员法律责任的立法变化

《医师法》第61条和第62条在《执业医师法》第41条和第42条规定的基础上，针对医疗卫生机构未履行报告职责以及卫生健康主管部门和其他有关部门工作人员或者医疗卫生机构工作人员弄虚作假、滥用职权、玩忽职守、徇私舞弊的，依法给予处分的规定，进行了文字表述的微调。

《医师法》	《执业医师法》
第六十一条　违反本法规定，医疗卫生机构未履行报告职责，造成严重后果的，由县级以上人民政府卫生健康主管部门给予警告，**对直接负责的主管人员和其他直接责任人员**依法给予处分。	第四十一条　医疗、预防、保健机构未依照本法第十六条的规定履行报告职责，导致严重后果的，由县级以上人民政府卫生行政部门给予警告；并对该机构的行政负责人依法给予行政处分。
第六十二条　违反本法规定，卫生健康主管部门和其他有关部门工作人员或者医疗卫生机构工作人员弄虚作假、滥用职权、玩忽职守、徇私舞弊的，依法给予处分。	第四十二条　卫生行政部门工作人员或者医疗、预防、保健机构工作人员违反本法有关规定，弄虚作假、玩忽职守、滥用职权、徇私舞弊，尚不构成犯罪的，依法给予行政处分；构成犯罪的，依法追究刑事责任。

第六节 | 其他法律责任联系条款的立法新规

《医师法》第63条将《执业医师法》法律责任一章所有条款中有关“构成犯罪的，依法追究刑事责任；造成人身、财产损害的，依法承担民事责任”的规定抽出，合并为独立的一条规定，使法律条文更加简洁明晰。

《医师法》
第六十三条　**违反本法规定，构成犯罪的，依法追究刑事责任；造成人身、财产损害的，依法承担民事责任。**

第九章

附则的立法变化

法律的附则（Supplementary Articles）是法律法规的最后一个部分，与总则和分则共同组成一部完整的法律法规文本，并与总则和分则具有同等的法律效力。附则的内容并不是不重要的内容，只是不适合放在总则和分则当中。附则的主要内容是对总则和分则需要说明的一些问题，如专门术语的解释、法律的解释权和修改权的归属、开始实施的日期以及一些必要的授权、联系条款等作出规定，而不对权利与义务作出规定。

《医师法》第七章附则共四条。与《执业医师法》相比较，主要变化为：

一、删除了《执业医师法》第43条“老人老办法”的规定

《执业医师法》
第六章　附则
第四十三条　本法颁布之日前按照国家有关规定取得医学专业技术职称和医学专业技术职务的人员，由所在机构报请县级以上人民政府卫生行政部门认定，取得相应的医师资格。其中在医疗、预防、保健机构中从事医疗、预防、保健业务的医务人员，依照本法规定的条件，由所在机构集体核报县级以上人民政府卫生行政部门，予以注册并发给医师执业证书。具体办法由国务院卫生行政部门会同国务院人事行政部门制定。

删除的原因正如笔者在本书第二章第一节中所述，《执业医师法》实施二十多年来，随着各类医学院校办学规模的扩大，严格的考试准入制度的施行，经过多方的不懈努力，我国医师队伍构成已经发生了根本性的改变。根据我国医师队伍的现状，“老人老办法”的规定已经失去了存在的必要，因此，《医师法》未作规定。

二、新增中专学历“老人老办法”的规定

《医师法》第9条删除了《执业医师法》第9条第2项“具有中等专业学校医学专业学历，在医疗、预防、保健机构中工作满五年的”规定，将参加医师资格考试的最低学历门槛由中专提升为大专。为了保障已经取得针对中等专业学校医学专业学历的人员和正在中等专业学校相关医学专业学习的在校学生的合法权益不会因为立法的变化而受到损害，《医师法》第64条分两款作出了规定。

《医师法》
第七章　附则
第六十四条　**国家采取措施，鼓励具有中等专业学校医学专业学历的人员通过参加更高层次学历教育等方式，提高医学技术能力和水平。** **在本法施行前以及在本法施行后一定期限内取得中等专业学校相关医学专业学历的人员，可以参加医师资格考试。具体办法由国务院卫生健康主管部门会同国务院教育、中医药等有关部门制定。**

1. 国家将采取措施，如制定特定的降分政策、定向培养等措施，鼓励具有中等专业学校医学专业学历已经从事医疗卫生工作的人员，通过报名参加每年国家专为中等专业职业学校、中等专业职业技术学校、职业高中毕业生“三校生”设立的单独考试单独招生的高考方式，或者通过成人教育考试，参加更高层次学历教育等方式，提高医学技术能力和水平。

2. 对于在本法施行前一定时间内已经取得中等专业学校相关医学专业学历的毕业生和在本法施行后一定期限内取得中等专业学校相关医学专业学历的在校学生，依照国务院卫生健康主管部门会同国务院教育、中医药等有关部门的规定，可以参加医师资格考试。

三、军队制定具体执行办法、境外人员的执业管理规定变化

《医师法》针对中国人民解放军和中国人民武装警察部队执行本法的具体办法；境外人员参加医师资格考试、申请注册、执业或者从事临床示教、

临床研究、临床学术交流等活动的具体管理办法，分别授权国务院、中央军事委员会，国务院卫生健康主管部门制定的有关规定，在《执业医师法》第46条和第47条的基础上，作了文字表述上的微调。

《医师法》	《执业医师法》
第六十五条　**中国人民解放军和中国人民武装警察部队**执行本法的具体办法，由国务院、中央军事委员会**依据本法制定**。	第四十六条　军队医师执行本法的实施办法，由国务院、中央军事委员会依据本法的原则制定。
第六十六条　境外人员参加医师资格考试、申请注册、执业或者从事临床示教、临床研究、**临床学术交流**等活动的具体管理办法，由国务院卫生健康主管部门制定。	第四十七条　境外人员在中国境内申请医师考试、注册、执业或者从事临床示教、临床研究等活动的，按照国家有关规定办理。

四、开始实施时间的立法变化

《医师法》	《执业医师法》
第六十七条　本法自**2022年3月1日起施行。《中华人民共和国执业医师法》同时废止。**	第四十八条　本法自1999年5月1日起施行。

《医师法》第67条规定："本法自2022年3月1日起施行。《中华人民共和国执业医师法》同时废止。"需要说明的是，《医师法》规定的所有内容均于2022年3月1日起施行，不溯及既往。

结　语

以上全部篇幅就是笔者关于《医师法》学习与应用的论述。在本书的结语中，笔者只想再强调一遍，法律是刚性的，对于《医师法》，所有未来将要成为医师的医学院校在校学生，已经取得医师执业资格的在业医师，甚至是从医多年的老专家和医学泰斗，无一例外都必须认真学习并严格遵照执行，否则将要承担相应的法律责任。医师依法执业，做好本职工作，既是对自己负责，更是对患者负责。

参考文献

［1］陈敏章:《1995年6月23日在第八届全国人民代表大会常务委员会第十四次会议上〈关于《中华人民共和国执业医师法（草案）》的说明〉》，载中国人大网（www.npc.gov.cn）。

［2］刘谦:《2021年1月20日在第十三届全国人民代表大会常务委员会第二十五次会议上〈关于修订《中华人民共和国执业医师法》的说明〉》，载中国人大网（www.npc.gov.cn）。

［3］孙东东:《〈民法典〉“医疗损害责任”立法学习与临床应用》，中国法制出版社2021年版。

［4］孙东东:《卫生法学（第三版）》，高等教育出版社2021年版。

［5］北京大学法学百科全书编委会:《北京大学法学百科全书（法理学卷）》，北京大学出版社2004版。

［6］张大庆:《医学史（第三版）》，北京大学医学出版社2019年版。

［7］刘玉村等:《专科医师规范化培训》，北京大学医学出版社2004年版。

［8］国家卫生健康委员会:《中国卫生健康统计年鉴（2021）》，中国协和医科大学出版社2021版。

附　录

中华人民共和国医师法

（2021年8月20日第十三届全国人民代表大会常务委员会第三十次会议通过，
中华人民共和国主席令第94号公布，自2022年3月1日起施行）

目　　录

第一章　总　　则

第一条　为了保障医师合法权益，规范医师执业行为，加强医师队伍建设，保护人民健康，推进健康中国建设，制定本法。

第二条　本法所称医师，是指依法取得医师资格，经注册在医疗卫生机构中执业的专业医务人员，包括执业医师和执业助理医师。

第三条　医师应当坚持人民至上、生命至上，发扬人道主义精神，弘扬敬佑生命、救死扶伤、甘于奉献、大爱无疆的崇高职业精神，恪守职业道德，遵守执业规范，提高执业水平，履行防病治病、保护人民健康的神圣职责。

医师依法执业，受法律保护。医师的人格尊严、人身安全不受侵犯。

第四条 国务院卫生健康主管部门负责全国的医师管理工作。国务院教育、人力资源社会保障、中医药等有关部门在各自职责范围内负责有关的医师管理工作。

县级以上地方人民政府卫生健康主管部门负责本行政区域内的医师管理工作。县级以上地方人民政府教育、人力资源社会保障、中医药等有关部门在各自职责范围内负责有关的医师管理工作。

第五条 每年8月19日为中国医师节。

对在医疗卫生服务工作中做出突出贡献的医师，按照国家有关规定给予表彰、奖励。

全社会应当尊重医师。各级人民政府应当关心爱护医师，弘扬先进事迹，加强业务培训，支持开拓创新，帮助解决困难，推动在全社会广泛形成尊医重卫的良好氛围。

第六条 国家建立健全医师医学专业技术职称设置、评定和岗位聘任制度，将职业道德、专业实践能力和工作业绩作为重要条件，科学设置有关评定、聘任标准。

第七条 医师可以依法组织和参加医师协会等有关行业组织、专业学术团体。

医师协会等有关行业组织应当加强行业自律和医师执业规范，维护医师合法权益，协助卫生健康主管部门和其他有关部门开展相关工作。

第二章　考试和注册

第八条 国家实行医师资格考试制度。

医师资格考试分为执业医师资格考试和执业助理医师资格考试。医师资格考试由省级以上人民政府卫生健康主管部门组织实施。

医师资格考试的类别和具体办法，由国务院卫生健康主管部门制定。

第九条 具有下列条件之一的，可以参加执业医师资格考试：

（一）具有高等学校相关医学专业本科以上学历，在执业医师指导下，在医疗卫生机构中参加医学专业工作实践满一年；

（二）具有高等学校相关医学专业专科学历，取得执业助理医师执业证书后，在医疗卫生机构中执业满二年。

第十条 具有高等学校相关医学专业专科以上学历，在执业医师指导下，在医疗卫生机构中参加医学专业工作实践满一年的，可以参加执业助理医师资格考试。

第十一条 以师承方式学习中医满三年，或者经多年实践医术确有专长的，经县级以上人民政府卫生健康主管部门委托的中医药专业组织或者医疗卫生机构考核合格并推荐，可以参加中医医师资格考试。

以师承方式学习中医或者经多年实践，医术确有专长的，由至少二名中医医师推荐，经省级人民政府中医药主管部门组织实践技能和效果考核合格后，即可取得中医医师资格及相应的资格证书。

本条规定的相关考试、考核办法，由国务院中医药主管部门拟订，报国务院卫生健康主管部门审核、发布。

第十二条 医师资格考试成绩合格，取得执业医师资格或者执业助理医师资格，发给医师资格证书。

第十三条 国家实行医师执业注册制度。

取得医师资格的，可以向所在地县级以上地方人民政府卫生健康主管部门申请注册。医疗卫生机构可以为本机构中的申请人集体办理注册手续。

除有本法规定不予注册的情形外，卫生健康主管部门应当自受理申请之日起二十个工作日内准予注册，将注册信息录入国家信息平台，并发给医师执业证书。

未注册取得医师执业证书，不得从事医师执业活动。

医师执业注册管理的具体办法，由国务院卫生健康主管部门制定。

第十四条 医师经注册后，可以在医疗卫生机构中按照注册的执业地点、执业类别、执业范围执业，从事相应的医疗卫生服务。

中医、中西医结合医师可以在医疗机构中的中医科、中西医结合科或者其他临床科室按照注册的执业类别、执业范围执业。

医师经相关专业培训和考核合格，可以增加执业范围。法律、行政法规对医师从事特定范围执业活动的资质条件有规定的，从其规定。

经考试取得医师资格的中医医师按照国家有关规定，经培训和考核合格，在执业活动中可以采用与其专业相关的西医药技术方法。西医医师按照国家有关规定，经培训和考核合格，在执业活动中可以采用与其专业相关的中医药技术方法。

第十五条 医师在二个以上医疗卫生机构定期执业的，应当以一个医疗卫生机构为主，并按照国家有关规定办理相关手续。国家鼓励医师定期定点到县级以下医疗卫生机构，包括乡镇卫生院、村卫生室、社区卫生服务中心等，提供医疗卫生服务，主执业机构应当支持并提供便利。

卫生健康主管部门、医疗卫生机构应当加强对有关医师的监督管理，规范其执业行为，保证医疗卫生服务质量。

第十六条 有下列情形之一的，不予注册：

（一）无民事行为能力或者限制民事行为能力；

（二）受刑事处罚，刑罚执行完毕不满二年或者被依法禁止从事医师职业的期限未满；

（三）被吊销医师执业证书不满二年；

（四）因医师定期考核不合格被注销注册不满一年；

（五）法律、行政法规规定不得从事医疗卫生服务的其他情形。

受理申请的卫生健康主管部门对不予注册的，应当自受理申请之日起二十个工作日内书面通知申请人和其所在医疗卫生机构，并说明理由。

第十七条 医师注册后有下列情形之一的，注销注册，废止医师执业证书：

（一）死亡；

（二）受刑事处罚；

（三）被吊销医师执业证书；

（四）医师定期考核不合格，暂停执业活动期满，再次考核仍不合格；

（五）中止医师执业活动满二年；

（六）法律、行政法规规定不得从事医疗卫生服务或者应当办理注销手续的其他情形。

有前款规定情形的，医师所在医疗卫生机构应当在三十日内报告准予注册的卫生健康主管部门；卫生健康主管部门依职权发现医师有前款规定情形的，应当及时通报准予注册的卫生健康主管部门。准予注册的卫生健康主管部门应当及时注销注册，废止医师执业证书。

第十八条 医师变更执业地点、执业类别、执业范围等注册事项的，应当依照本法规定到准予注册的卫生健康主管部门办理变更注册手续。

医师从事下列活动的，可以不办理相关变更注册手续：

（一）参加规范化培训、进修、对口支援、会诊、突发事件医疗救援、慈善或者其他公益性医疗、义诊；

（二）承担国家任务或者参加政府组织的重要活动等；

（三）在医疗联合体内的医疗机构中执业。

第十九条 中止医师执业活动二年以上或者本法规定不予注册的情形消失，申请重新执业的，应当由县级以上人民政府卫生健康主管部门或者其委托的医疗卫生机构、行业组织考核合格，并依照本法规定重新注册。

第二十条 医师个体行医应当依法办理审批或者备案手续。

执业医师个体行医，须经注册后在医疗卫生机构中执业满五年；但是，依照本法第十一条第二款规定取得中医医师资格的人员，按照考核内容进行执业注册后，即可在注册的执业范围内个体行医。

县级以上地方人民政府卫生健康主管部门对个体行医的医师，应当按照国家有关规定实施监督检查，发现有本法规定注销注册的情形的，应当及时注销注册，废止医师执业证书。

第二十一条 县级以上地方人民政府卫生健康主管部门应当将准予注册和注销注册的人员名单及时予以公告，由省级人民政府卫生健康主管部门汇总，报国务院卫生健康主管部门备案，并按照规定通过网站提供医师注册信息查询服务。

第三章 执业规则

第二十二条 医师在执业活动中享有下列权利：

（一）在注册的执业范围内，按照有关规范进行医学诊查、疾病调查、医学处置、出具相应的医学证明文件，选择合理的医疗、预防、保健方案；

（二）获取劳动报酬，享受国家规定的福利待遇，按照规定参加社会保险并享受相应待遇；

（三）获得符合国家规定标准的执业基本条件和职业防护装备；

（四）从事医学教育、研究、学术交流；

（五）参加专业培训，接受继续医学教育；

（六）对所在医疗卫生机构和卫生健康主管部门的工作提出意见和建议，依法参与所在机构的民主管理；

（七）法律、法规规定的其他权利。

第二十三条 医师在执业活动中履行下列义务：

（一）树立敬业精神，恪守职业道德，履行医师职责，尽职尽责救治患者，执行疫情防控等公共卫生措施；

（二）遵循临床诊疗指南，遵守临床技术操作规范和医学伦理规范等；

（三）尊重、关心、爱护患者，依法保护患者隐私和个人信息；

（四）努力钻研业务，更新知识，提高医学专业技术能力和水平，提升医疗卫生服务质量；

（五）宣传推广与岗位相适应的健康科普知识，对患者及公众进行健康教育和健康指导；

（六）法律、法规规定的其他义务。

第二十四条 医师实施医疗、预防、保健措施，签署有关医学证明文件，必须亲自诊查、调查，并按照规定及时填写病历等医学文书，不得隐匿、伪造、篡改或者擅自销毁病历等医学文书及有关资料。

医师不得出具虚假医学证明文件以及与自己执业范围无关或者与执业类别不相符的医学证明文件。

第二十五条 医师在诊疗活动中应当向患者说明病情、医疗措施和其他需要告知的事项。需要实施手术、特殊检查、特殊治疗的，医师应当及时向患者具体说明医疗风险、替代医疗方案等情况，并取得其明确同意；不能或者不宜向患者说明的，应当向患者的近亲属说明，并取得其明确同意。

第二十六条 医师开展药物、医疗器械临床试验和其他医学临床研究应当符合国家有关规定，遵守医学伦理规范，依法通过伦理审查，取得书面知情同意。

第二十七条 对需要紧急救治的患者，医师应当采取紧急措施进行诊治，不得拒绝急救处置。

因抢救生命垂危的患者等紧急情况，不能取得患者或者其近亲属意见的，经医疗机构负责人或者授权的负责人批准，可以立即实施相应的医疗措施。

国家鼓励医师积极参与公共交通工具等公共场所急救服务；医师因自愿实施急救造成受助人损害的，不承担民事责任。

第二十八条 医师应当使用经依法批准或者备案的药品、消毒药剂、医疗器械，采用合法、合规、科学的诊疗方法。

除按照规范用于诊断治疗外，不得使用麻醉药品、医疗用毒性药品、精神药品、放射性药品等。

第二十九条 医师应当坚持安全有效、经济合理的用药原则，遵循药品临床应用指导原则、临床诊疗指南和药品说明书等合理用药。

在尚无有效或者更好治疗手段等特殊情况下，医师取得患者明确知情同意后，可以采用药品说明书中未明确但具有循证医学证据的药品用法实施治疗。医疗机构应当建立管理制度，对医师处方、用药医嘱的适宜性进行审核，严格规范医师用药行为。

第三十条 执业医师按照国家有关规定，经所在医疗卫生机构同意，可以通过互联网等信息技术提供部分常见病、慢性病复诊等适宜的医疗卫生服务。国家支持医疗卫生机构之间利用互联网等信息技术开展远程医疗合作。

第三十一条 医师不得利用职务之便，索要、非法收受财物或者牟取其他不正当利益；不得对患者实施不必要的检查、治疗。

第三十二条 遇有自然灾害、事故灾难、公共卫生事件和社会安全事件等严重威胁人民生命健康的突发事件时，县级以上人民政府卫生健康主管部门根据需要组织医师参与卫生应急处置和医疗救治，医师应当服从调遣。

第三十三条 在执业活动中有下列情形之一的，医师应当按照有关规定及时向所在医疗卫生机构或者有关部门、机构报告：

（一）发现传染病、突发不明原因疾病或者异常健康事件；

（二）发生或者发现医疗事故；

（三）发现可能与药品、医疗器械有关的不良反应或者不良事件；

（四）发现假药或者劣药；

（五）发现患者涉嫌伤害事件或者非正常死亡；

（六）法律、法规规定的其他情形。

第三十四条 执业助理医师应当在执业医师的指导下，在医疗卫生机构中按照注册的执业类别、执业范围执业。

在乡、民族乡、镇和村医疗卫生机构以及艰苦边远地区县级医疗卫生机构中执业的执业助理医师，可以根据医疗卫生服务情况和本人实践经验，独立从事一般的执业活动。

第三十五条 参加临床教学实践的医学生和尚未取得医师执业证书、在医疗卫生机构中参加医学专业工作实践的医学毕业生，应当在执业医师监督、指导下参与临床诊疗活动。医疗卫生机构应当为有关医学生、医学毕业生参与临床诊疗活动提供必要的条件。

第三十六条 有关行业组织、医疗卫生机构、医学院校应当加强对医师的医德医风教育。

医疗卫生机构应当建立健全医师岗位责任、内部监督、投诉处理等制度，加强对医师的管理。

第四章 培训和考核

第三十七条 国家制定医师培养规划，建立适应行业特点和社会需求的医师培养和供需平衡机制，统筹各类医学人才需求，加强全科、儿科、精神科、老年医学等紧缺专业人才培养。

国家采取措施，加强医教协同，完善医学院校教育、毕业后教育和继续教育体系。

国家通过多种途径，加强以全科医生为重点的基层医疗卫生人才培养和配备。

国家采取措施，完善中医西医相互学习的教育制度，培养高层次中西医结合人才和能够提供中西医结合服务的全科医生。

第三十八条 国家建立健全住院医师规范化培训制度，健全临床带教激励机制，保障住院医师培训期间待遇，严格培训过程管理和结业考核。

国家建立健全专科医师规范化培训制度，不断提高临床医师专科诊疗水平。

第三十九条 县级以上人民政府卫生健康主管部门和其他有关部门应当制定医师培训计划，采取多种形式对医师进行分级分类培训，为医师接受继续医学教育提供条件。

县级以上人民政府应当采取有力措施，优先保障基层、欠发达地区和民族地区的医疗卫生人员接受继续医学教育。

第四十条 医疗卫生机构应当合理调配人力资源，按照规定和计划保证本机构医师接受继续医学教育。

县级以上人民政府卫生健康主管部门应当有计划地组织协调县级以上医疗卫生机构对乡镇卫生院、村卫生室、社区卫生服务中心等基层医疗卫生机构中的医疗卫生人员开展培训，提高其医学专业技术能力和水平。

有关行业组织应当为医师接受继续医学教育提供服务和创造条件，加强继续医学教育的组织、管理。

第四十一条 国家在每年的医学专业招生计划和教育培训计划中，核定一定比例用于定向培养、委托培训，加强基层和艰苦边远地区医师队伍建设。

有关部门、医疗卫生机构与接受定向培养、委托培训的人员签订协议，约定相关待遇、服务年限、违约责任等事项，有关人员应当履行协议约定的义务。县级以上人民政府有关部门应当采取措施，加强履约管理。协议各方违反约定的，应当承担违约责任。

第四十二条 国家实行医师定期考核制度。

县级以上人民政府卫生健康主管部门或者其委托的医疗卫生机构、行业组织应当按照医师执业标准，对医师的业务水平、工作业绩和职业道德状况进行考核，考核周期为三年。对具有较长年限执业经历、无不良行为记录的医师，可以简化考核程序。

受委托的机构或者组织应当将医师考核结果报准予注册的卫生健康主管部门备案。

对考核不合格的医师，县级以上人民政府卫生健康主管部门应当责令其暂停执业活动三个月至六个月，并接受相关专业培训。暂停执业活动期满，再次进行考核，对考核合格的，允许其继续执业。

第四十三条 省级以上人民政府卫生健康主管部门负责指导、检查和监督医师考核工作。

第五章 保障措施

第四十四条 国家建立健全体现医师职业特点和技术劳动价值的人事、薪酬、职称、奖励制度。

对从事传染病防治、放射医学和精神卫生工作以及其他特殊岗位工作的医师，应当按照国家有关规定给予适当的津贴。津贴标准应当定期调整。

在基层和艰苦边远地区工作的医师，按照国家有关规定享受津贴、补贴政策，并在职称评定、职业发展、教育培训和表彰奖励等方面享受优惠待遇。

第四十五条 国家加强疾病预防控制人才队伍建设，建立适应现代化疾病预防控制体系的医师培养和使用机制。

疾病预防控制机构、二级以上医疗机构以及乡镇卫生院、社区卫生服务中心等基层医疗卫生机构应当配备一定数量的公共卫生医师，从事人群疾病及危害因素监测、风险评估研判、监测预警、流行病学调查、免疫规划管理、职业健康管理等公共卫生工作。医疗机构应当建立健全管理制度，严格执行院内感染防控措施。

国家建立公共卫生与临床医学相结合的人才培养机制，通过多种途径对临床医师进行疾病预防控制、突发公共卫生事件应对等方面业务培训，对公共卫生医师进行临床医学业务培训，完善医防结合和中西医协同防治的体制机制。

第四十六条 国家采取措施，统筹城乡资源，加强基层医疗卫生队伍和服务能力建设，对乡村医疗卫生人员建立县乡村上下贯通的职业发展机制，通过县管乡用、乡聘村用等方式，将乡村医疗卫生人员纳入县域医疗卫生人员管理。

执业医师晋升为副高级技术职称的，应当有累计一年以上在县级以下或者对口支援的医疗卫生机构提供医疗卫生服务的经历；晋升副高级技术职称后，在县级以下或者对口支援的医疗卫生机构提供医疗卫生服务，累计一年以上的，同等条件下优先晋升正高级技术职称。

国家采取措施，鼓励取得执业医师资格或者执业助理医师资格的人员依法开办村医疗卫生机构，或者在村医疗卫生机构提供医疗卫生服务。

第四十七条 国家鼓励在村医疗卫生机构中向村民提供预防、保健和一般医疗服务的乡村医生通过医学教育取得医学专业学历；鼓励符合条件的乡村医生参加医师资格考试，依法取得医师资格。

国家采取措施，通过信息化、智能化手段帮助乡村医生提高医学技术能力和水平，进一步完善对乡村医生的服务收入多渠道补助机制和养老等政策。

乡村医生的具体管理办法，由国务院制定。

第四十八条 医师有下列情形之一的，按照国家有关规定给予表彰、奖励：

（一）在执业活动中，医德高尚，事迹突出；

（二）在医学研究、教育中开拓创新，对医学专业技术有重大突破，做出显著贡献；

（三）遇有突发事件时，在预防预警、救死扶伤等工作中表现突出；

（四）长期在艰苦边远地区的县级以下医疗卫生机构努力工作；

（五）在疾病预防控制、健康促进工作中做出突出贡献；

（六）法律、法规规定的其他情形。

第四十九条 县级以上人民政府及其有关部门应当将医疗纠纷预防和处理工作纳入社会治安综合治理体系，加强医疗卫生机构及周边治安综合治理，维护医疗卫生机构良好的执业环境，有效防范和依法打击涉医违法犯罪行为，保护医患双方合法权益。

医疗卫生机构应当完善安全保卫措施，维护良好的医疗秩序，及时主动化解医疗纠纷，保障医师执业安全。

禁止任何组织或者个人阻碍医师依法执业，干扰医师正常工作、生活；禁止通过侮辱、诽谤、威胁、殴打等方式，侵犯医师的人格尊严、人身安全。

第五十条 医疗卫生机构应当为医师提供职业安全和卫生防护用品，并采取有效的卫生防护和医疗保健措施。

医师受到事故伤害或者在职业活动中因接触有毒、有害因素而引起疾病、死亡的，依照有关法律、行政法规的规定享受工伤保险待遇。

第五十一条 医疗卫生机构应当为医师合理安排工作时间，落实带薪休假制度，定期开展健康检查。

第五十二条 国家建立完善医疗风险分担机制。医疗机构应当参加医疗责任保险或者建立、参加医疗风险基金。鼓励患者参加医疗意外保险。

第五十三条 新闻媒体应当开展医疗卫生法律、法规和医疗卫生知识的公益宣传，弘扬医师先进事迹，引导公众尊重医师、理性对待医疗卫生风险。

第六章 法律责任

第五十四条 在医师资格考试中有违反考试纪律等行为，情节严重的，一年至三年内禁止参加医师资格考试。

以不正当手段取得医师资格证书或者医师执业证书的，由发给证书的卫生健康主管部门予以撤销，三年内不受理其相应申请。

伪造、变造、买卖、出租、出借医师执业证书的，由县级以上人民政府卫生健康主管部门责令改正，没收违法所得，并处违法所得二倍以上五倍以下的罚款，违法所得不足一万元的，按一万元计算；情节严重的，吊销医师执业证书。

第五十五条 违反本法规定，医师在执业活动中有下列行为之一的，由县级以上人民政府卫生健康主管部门责令改正，给予警告；情节严重的，责令暂停六个月以上一年以下执业活动直至吊销医师执业证书：

（一）在提供医疗卫生服务或者开展医学临床研究中，未按照规定履行告知义务或者取得知情同意；

（二）对需要紧急救治的患者，拒绝急救处置，或者由于不负责任延误诊治；

（三）遇有自然灾害、事故灾难、公共卫生事件和社会安全事件等严重威胁人民生命健康的突发事件时，不服从卫生健康主管部门调遣；

（四）未按照规定报告有关情形；

（五）违反法律、法规、规章或者执业规范，造成医疗事故或者其他严重后果。

第五十六条 违反本法规定，医师在执业活动中有下列行为之一的，由县级以上人民政府卫生健康主管部门责令改正，给予警告，没收违法所得，并处一万元以上三万元以下的罚款；情节严重的，责令暂停六个月以上一年以下执业活动直至吊销医师执业证书：

（一）泄露患者隐私或者个人信息；

（二）出具虚假医学证明文件，或者未经亲自诊查、调查，签署诊断、治疗、流行病学等证明文件或者有关出生、死亡等证明文件；

（三）隐匿、伪造、篡改或者擅自销毁病历等医学文书及有关资料；

（四）未按照规定使用麻醉药品、医疗用毒性药品、精神药品、放射性药品等；

（五）利用职务之便，索要、非法收受财物或者牟取其他不正当利益，或者违反诊疗规范，对患者实施不必要的检查、治疗造成不良后果；

（六）开展禁止类医疗技术临床应用。

第五十七条 违反本法规定，医师未按照注册的执业地点、执业类别、执业范围执业的，由县级以上人民政府卫生健康主管部门或者中医药主管部门责令改正，给予警告，没收违法所得，并处一万元以上三万元以下的罚款；情节严重的，责令暂停六个月以上一年以下执业活动直至吊销医师执业证书。

第五十八条 严重违反医师职业道德、医学伦理规范，造成恶劣社会影响的，由省级以上人民政府卫生健康主管部门吊销医师执业证书或者责令停止非法执业活动，五年直至终身禁止从事医疗卫生服务或者医学临床研究。

第五十九条 违反本法规定，非医师行医的，由县级以上人民政府卫生健康主管部门责令停止非法执业活动，没收违法所得和药品、医疗器械，并处违法所得二倍以上十倍以下的罚款，违法所得不足一万元的，按一万元计算。

第六十条 违反本法规定，阻碍医师依法执业，干扰医师正常工作、生活，或者通过侮辱、诽谤、威胁、殴打等方式，侵犯医师人格尊严、人身安全，构成违反治安管理行为的，依法给予治安管理处罚。

第六十一条 违反本法规定，医疗卫生机构未履行报告职责，造成严重后果的，由县级以上人民政府卫生健康主管部门给予警告，对直接负责的主管人员和其他直接责任人员依法给予处分。

第六十二条 违反本法规定，卫生健康主管部门和其他有关部门工作人员或者医疗卫生机构工作人员弄虚作假、滥用职权、玩忽职守、徇私舞弊的，依法给予处分。

第六十三条 违反本法规定，构成犯罪的，依法追究刑事责任；造成人身、财产损害的，依法承担民事责任。

第七章 附 则

第六十四条 国家采取措施，鼓励具有中等专业学校医学专业学历的人员通过参加更高层次学历教育等方式，提高医学技术能力和水平。

在本法施行前以及在本法施行后一定期限内取得中等专业学校相关医学专业学历的人员，可以参加医师资格考试。具体办法由国务院卫生健康主管部门会同国务院教育、中医药等有关部门制定。

第六十五条 中国人民解放军和中国人民武装警察部队执行本法的具体办法，由国务院、中央军事委员会依据本法制定。

第六十六条 境外人员参加医师资格考试、申请注册、执业或者从事临床示教、临床研究、临床学术交流等活动的具体管理办法，由国务院卫生健康主管部门制定。

第六十七条 本法自2022年3月1日起施行。《中华人民共和国执业医师法》同时废止。

中华人民共和国中医药法

（2016年12月25日第十二届全国人民代表大会常务委员会第二十五次会议通过，
中华人民共和国主席令第59号公布，自2017年7月1日起施行）

目　　录

第一章　总　　则

第一条　为了继承和弘扬中医药，保障和促进中医药事业发展，保护人民健康，制定本法。

第二条　本法所称中医药，是包括汉族和少数民族医药在内的我国各民族医药的统称，是反映中华民族对生命、健康和疾病的认识，具有悠久历史传统和独特理论及技术方法的医药学体系。

第三条　中医药事业是我国医药卫生事业的重要组成部分。国家大力发展中医药事业，实行中西医并重的方针，建立符合中医药特点的管理制度，充分发挥中医药在我国医药卫生事业中的作用。

发展中医药事业应当遵循中医药发展规律，坚持继承和创新相结合，保持和发挥中医药特色和优势，运用现代科学技术，促进中医药理论和实践的发展。

国家鼓励中医西医相互学习，相互补充，协调发展，发挥各自优势，促进中西医结合。

第四条 县级以上人民政府应当将中医药事业纳入国民经济和社会发展规划，建立健全中医药管理体系，统筹推进中医药事业发展。

第五条 国务院中医药主管部门负责全国的中医药管理工作。国务院其他有关部门在各自职责范围内负责与中医药管理有关的工作。

县级以上地方人民政府中医药主管部门负责本行政区域的中医药管理工作。县级以上地方人民政府其他有关部门在各自职责范围内负责与中医药管理有关的工作。

第六条 国家加强中医药服务体系建设，合理规划和配置中医药服务资源，为公民获得中医药服务提供保障。

国家支持社会力量投资中医药事业，支持组织和个人捐赠、资助中医药事业。

第七条 国家发展中医药教育，建立适应中医药事业发展需要、规模适宜、结构合理、形式多样的中医药教育体系，培养中医药人才。

第八条 国家支持中医药科学研究和技术开发，鼓励中医药科学技术创新，推广应用中医药科学技术成果，保护中医药知识产权，提高中医药科学技术水平。

第九条 国家支持中医药对外交流与合作，促进中医药的国际传播和应用。

第十条 对在中医药事业中做出突出贡献的组织和个人，按照国家有关规定给予表彰、奖励。

第二章　中医药服务

第十一条 县级以上人民政府应当将中医医疗机构建设纳入医疗机构设置规划，举办规模适宜的中医医疗机构，扶持有中医药特色和优势的医疗机构发展。

合并、撤销政府举办的中医医疗机构或者改变其中医医疗性质，应当征求上一级人民政府中医药主管部门的意见。

第十二条 政府举办的综合医院、妇幼保健机构和有条件的专科医院、社区卫生服务中心、乡镇卫生院，应当设置中医药科室。

县级以上人民政府应当采取措施，增强社区卫生服务站和村卫生室提供中医药服务的能力。

第十三条 国家支持社会力量举办中医医疗机构。

社会力量举办的中医医疗机构在准入、执业、基本医疗保险、科研教学、医务人员职称评定等方面享有与政府举办的中医医疗机构同等的权利。

第十四条 举办中医医疗机构应当按照国家有关医疗机构管理的规定办理审批手续，并遵守医疗机构管理的有关规定。

举办中医诊所的，将诊所的名称、地址、诊疗范围、人员配备情况等报所在地县级人民政府中医药主管部门备案后即可开展执业活动。中医诊所应当将本诊所的诊疗范围、中医医师的姓名及其执业范围在诊所的明显位置公示，不得超出备案范围开展医疗活动。具体办法由国务院中医药主管部门拟订，报国务院卫生行政部门审核、发布。

第十五条 从事中医医疗活动的人员应当依照《中华人民共和国执业医师法》的规定，通过中医医师资格考试取得中医医师资格，并进行执业注册。中医医师资格考试的内容应当体现中医药特点。

以师承方式学习中医或者经多年实践，医术确有专长的人员，由至少两名中医医师推荐，经省、自治区、直辖市人民政府中医药主管部门组织实践技能和效果考核合格后，即可取得中医医师资格；按照考核内容进行执业注册后，即可在注册的执业范围内，以个人开业的方式或者在医疗机构内从事中医医疗活动。国务院中医药主管部门应当根据中医药技术方法的安全风险拟订本款规定人员的分类考核办法，报国务院卫生行政部门审核、发布。

第十六条 中医医疗机构配备医务人员应当以中医药专业技术人员为主，主要提供中医药服务；经考试取得医师资格的中医医师按照国家有关规定，经培训、考核合格后，可以在执业活动中采用与其专业相关的现代科学技术方法。在医疗活动中采用现代科学技术方法的，应当有利于保持和发挥中医药特色和优势。

社区卫生服务中心、乡镇卫生院、社区卫生服务站以及有条件的村卫生室应当合理配备中医药专业技术人员，并运用和推广适宜的中医药技术方法。

第十七条 开展中医药服务，应当以中医药理论为指导，运用中医药技术方法，并符合国务院中医药主管部门制定的中医药服务基本要求。

第十八条 县级以上人民政府应当发展中医药预防、保健服务，并按照国家有关规定将其纳入基本公共卫生服务项目统筹实施。

县级以上人民政府应当发挥中医药在突发公共卫生事件应急工作中的作用，加强中医药应急物资、设备、设施、技术与人才资源储备。

医疗卫生机构应当在疾病预防与控制中积极运用中医药理论和技术方法。

第十九条 医疗机构发布中医医疗广告，应当经所在地省、自治区、直辖市人民政府中医药主管部门审查批准；未经审查批准，不得发布。发布的中医医疗广告内容应当与经审查批准的内容相符合，并符合《中华人民共和国广告法》的有关规定。

第二十条 县级以上人民政府中医药主管部门应当加强对中医药服务的监督检查，并将下列事项作为监督检查的重点：

（一）中医医疗机构、中医医师是否超出规定的范围开展医疗活动；

（二）开展中医药服务是否符合国务院中医药主管部门制定的中医药服务基本要求；

（三）中医医疗广告发布行为是否符合本法的规定。

中医药主管部门依法开展监督检查，有关单位和个人应当予以配合，不得拒绝或者阻挠。

第三章 中药保护与发展

第二十一条 国家制定中药材种植养殖、采集、贮存和初加工的技术规范、标准，加强对中药材生产流通全过程的质量监督管理，保障中药材质量安全。

第二十二条 国家鼓励发展中药材规范化种植养殖，严格管理农药、肥料等农业投入品的使用，禁止在中药材种植过程中使用剧毒、高毒农药，支持中药材良种繁育，提高中药材质量。

第二十三条 国家建立道地中药材评价体系，支持道地中药材品种选育，扶持道地中药材生产基地建设，加强道地中药材生产基地生态环境保护，鼓励采取地理标志产品保护等措施保护道地中药材。

前款所称道地中药材，是指经过中医临床长期应用优选出来的，产在特定地域，与其他地区所产同种中药材相比，品质和疗效更好，且质量稳定，具有较高知名度的中药材。

第二十四条 国务院药品监督管理部门应当组织并加强对中药材质量的监测，定期向社会公布监测结果。国务院有关部门应当协助做好中药材质量监测有关工作。

采集、贮存中药材以及对中药材进行初加工，应当符合国家有关技术规范、标准和管理规定。

国家鼓励发展中药材现代流通体系，提高中药材包装、仓储等技术水平，建立中药材流通追溯体系。药品生产企业购进中药材应当建立进货查验记录制度。中药材经营者应当建立进货查验和购销记录制度，并标明中药材产地。

第二十五条 国家保护药用野生动植物资源，对药用野生动植物资源实行动态监测和定期普查，建立药用野生动植物资源种质基因库，鼓励发展人工种植养殖，支持依法开展珍贵、濒危药用野生动植物的保护、繁育及其相关研究。

第二十六条 在村医疗机构执业的中医医师、具备中药材知识和识别能力的乡村医生，按照国家有关规定可以自种、自采地产中药材并在其执业活动中使用。

第二十七条 国家保护中药饮片传统炮制技术和工艺，支持应用传统工艺炮制中药饮片，鼓励运用现代科学技术开展中药饮片炮制技术研究。

第二十八条 对市场上没有供应的中药饮片，医疗机构可以根据本医疗机构医师处方的需要，在本医疗机构内炮制、使用。医疗机构应当遵守中药饮片炮制的有关规定，对其炮制的中药饮片的质量负责，保证药品安全。医疗机构炮制中药饮片，应当向所在地设区的市级人民政府药品监督管理部门备案。

根据临床用药需要，医疗机构可以凭本医疗机构医师的处方对中药饮片进行再加工。

第二十九条 国家鼓励和支持中药新药的研制和生产。

国家保护传统中药加工技术和工艺，支持传统剂型中成药的生产，鼓励运用现代科学技术研究开发传统中成药。

第三十条 生产符合国家规定条件的来源于古代经典名方的中药复方制剂，在申请药品批准文号时，可以仅提供非临床安全性研究资料。具体管理办法由国务院药品监督管理部门会同中医药主管部门制定。

前款所称古代经典名方，是指至今仍广泛应用、疗效确切、具有明显特色与优势的古代中医典籍所记载的方剂。具体目录由国务院中医药主管部门会同药品监督管理部门制定。

第三十一条 国家鼓励医疗机构根据本医疗机构临床用药需要配制和使用中药制剂，支持应用传统工艺配制中药制剂，支持以中药制剂为基础研制中药新药。

医疗机构配制中药制剂，应当依照《中华人民共和国药品管理法》的规定取得医疗机构制剂许可证，或者委托取得药品生产许可证的药品生产企业、取得医疗机构制剂许可证的其他医疗机构配制中药制剂。委托配制中药制剂，应当向委托方所在地省、自治区、直辖市人民政府药品监督管理部门备案。

医疗机构对其配制的中药制剂的质量负责；委托配制中药制剂的，委托方和受托方对所配制的中药制剂的质量分别承担相应责任。

第三十二条 医疗机构配制的中药制剂品种，应当依法取得制剂批准文号。但是，仅应用传统工艺配制的中药制剂品种，向医疗机构所在地省、自治区、直辖市人民政府药品监督管理部门备案后即可配制，不需要取得制剂批准文号。

医疗机构应当加强对备案的中药制剂品种的不良反应监测，并按照国家有关规定进行报告。药品监督管理部门应当加强对备案的中药制剂品种配制、使用的监督检查。

第四章　中医药人才培养

第三十三条 中医药教育应当遵循中医药人才成长规律，以中医药内容为主，体现中医药文化特色，注重中医药经典理论和中医药临床实践、现代教育方式和传统教育方式相结合。

第三十四条 国家完善中医药学校教育体系，支持专门实施中医药教育的高等学校、中等职业学校和其他教育机构的发展。

中医药学校教育的培养目标、修业年限、教学形式、教学内容、教学评价及学术水平评价标准等，应当体现中医药学科特色，符合中医药学科发展规律。

第三十五条 国家发展中医药师承教育，支持有丰富临床经验和技术专长的中医医师、中药专业技术人员在执业、业务活动中带徒授业，传授中医药理论和技术方法，培养中医药专业技术人员。

第三十六条 国家加强对中医医师和城乡基层中医药专业技术人员的培养和培训。

国家发展中西医结合教育，培养高层次的中西医结合人才。

第三十七条 县级以上地方人民政府中医药主管部门应当组织开展中医药继续教育，加强对医务人员，特别是城乡基层医务人员中医药基本知识和技能的培训。

中医药专业技术人员应当按照规定参加继续教育，所在机构应当为其接受继续教育创造条件。

第五章 中医药科学研究

第三十八条 国家鼓励科研机构、高等学校、医疗机构和药品生产企业等，运用现代科学技术和传统中医药研究方法，开展中医药科学研究，加强中西医结合研究，促进中医药理论和技术方法的继承和创新。

第三十九条 国家采取措施支持对中医药古籍文献、著名中医药专家的学术思想和诊疗经验以及民间中医药技术方法的整理、研究和利用。

国家鼓励组织和个人捐献有科学研究和临床应用价值的中医药文献、秘方、验方、诊疗方法和技术。

第四十条 国家建立和完善符合中医药特点的科学技术创新体系、评价体系和管理体制，推动中医药科学技术进步与创新。

第四十一条 国家采取措施，加强对中医药基础理论和辨证论治方法，常见病、多发病、慢性病和重大疑难疾病、重大传染病的中医药防治，以及其他对中医药理论和实践发展有重大促进作用的项目的科学研究。

第六章 中医药传承与文化传播

第四十二条 对具有重要学术价值的中医药理论和技术方法，省级以上人民政府中医药主管部门应当组织遴选本行政区域内的中医药学术传承项目和传承人，并为传承活动提供必要的条件。传承人应当开展传承活动，培养后继人才，收集整理并妥善保存相关的学术资料。属于非物质文化遗产代表性项目的，依照《中华人民共和国非物质文化遗产法》的有关规定开展传承活动。

第四十三条 国家建立中医药传统知识保护数据库、保护名录和保护制度。

中医药传统知识持有人对其持有的中医药传统知识享有传承使用的权利，对他人获取、利用其持有的中医药传统知识享有知情同意和利益分享等权利。

国家对经依法认定属于国家秘密的传统中药处方组成和生产工艺实行特殊保护。

第四十四条 国家发展中医养生保健服务，支持社会力量举办规范的中医养生保健机构。中医养生保健服务规范、标准由国务院中医药主管部门制定。

第四十五条 县级以上人民政府应当加强中医药文化宣传，普及中医药知识，鼓励组织和个人创作中医药文化和科普作品。

第四十六条 开展中医药文化宣传和知识普及活动，应当遵守国家有关规定。任何组织或者个人不得对中医药作虚假、夸大宣传，不得冒用中医药名义牟取不正当利益。

广播、电视、报刊、互联网等媒体开展中医药知识宣传，应当聘请中医药专业技术人员进行。

第七章 保障措施

第四十七条 县级以上人民政府应当为中医药事业发展提供政策支持和条件保障，将中医药事业发展经费纳入本级财政预算。

县级以上人民政府及其有关部门制定基本医疗保险支付政策、药物政策等医药卫生政策，应当有中医药主管部门参加，注重发挥中医药的优势，支持提供和利用中医药服务。

第四十八条 县级以上人民政府及其有关部门应当按照法定价格管理权限，合理确定中医医疗服务的收费项目和标准，体现中医医疗服务成本和专业技术价值。

第四十九条 县级以上地方人民政府有关部门应当按照国家规定，将符合条件的中医医疗机构纳入基本医疗保险定点医疗机构范围，将符合条件的中医诊疗项目、中药饮片、中成药和医疗机构中药制剂纳入基本医疗保险基金支付范围。

第五十条 国家加强中医药标准体系建设，根据中医药特点对需要统一的技术要求制定标准并及时修订。

中医药国家标准、行业标准由国务院有关部门依据职责制定或者修订，并在其网站上公布，供公众免费查阅。

国家推动建立中医药国际标准体系。

第五十一条 开展法律、行政法规规定的与中医药有关的评审、评估、鉴定活动，应当成立中医药评审、评估、鉴定的专门组织，或者有中医药专家参加。

第五十二条 国家采取措施，加大对少数民族医药传承创新、应用发展和人才培养的扶持力度，加强少数民族医疗机构和医师队伍建设，促进和规范少数民族医药事业发展。

第八章 法律责任

第五十三条 县级以上人民政府中医药主管部门及其他有关部门未履行本法规定的职责的，由本级人民政府或者上级人民政府有关部门责令改正；情节严重的，对直接负责的主管人员和其他直接责任人员，依法给予处分。

第五十四条 违反本法规定，中医诊所超出备案范围开展医疗活动的，由所在地县级人民政府中医药主管部门责令改正，没收违法所得，并处一万元以上三万元以下罚款；情节严重的，责令停止执业活动。

中医诊所被责令停止执业活动的，其直接负责的主管人员自处罚决定作出之日起五年内不得在医疗机构内从事管理工作。医疗机构聘用上述不得从事管理工作的人员从事管理工作的，由原发证部门吊销执业许可证或者由原备案部门责令停止执业活动。

第五十五条 违反本法规定，经考核取得医师资格的中医医师超出注册的执业范围从事医疗活动的，由县级以上人民政府中医药主管部门责令暂停六个月以上一年以下执业活动，并处一万元以上三万元以下罚款；情节严重的，吊销执业证书。

第五十六条 违反本法规定，举办中医诊所、炮制中药饮片、委托配制中药制剂应当备案而未备案，或者备案时提供虚假材料的，由中医药主管部门和药品监督管理部门按照各自职责分工责令改正，没收违法所得，并处三万元以下罚款，向社会公告相关信息；拒不改正的，责令停止执业活动或者责令停止炮制中药饮片、委托配制中药制剂活动，其直接责任人员五年内不得从事中医药相关活动。

医疗机构应用传统工艺配制中药制剂未依照本法规定备案，或者未按照备案材料载明的要求配制中药制剂的，按生产假药给予处罚。

第五十七条 违反本法规定，发布的中医医疗广告内容与经审查批准的内容不相符的，由原审查部门撤销该广告的审查批准文件，一年内不受理该医疗机构的广告审查申请。

违反本法规定，发布中医医疗广告有前款规定以外违法行为的，依照《中华人民共和国广告法》的规定给予处罚。

第五十八条 违反本法规定，在中药材种植过程中使用剧毒、高毒农药的，依照有关法律、法规规定给予处罚；情节严重的，可以由公安机关对其直接负责的主管人员和其他直接责任人员处五日以上十五日以下拘留。

第五十九条 违反本法规定，造成人身、财产损害的，依法承担民事责任；构成犯罪的，依法追究刑事责任。

第九章 附 则

第六十条 中医药的管理，本法未作规定的，适用《中华人民共和国执业医师法》、《中华人民共和国药品管理法》等相关法律、行政法规的规定。

军队的中医药管理，由军队卫生主管部门依照本法和军队有关规定组织实施。

第六十一条 民族自治地方可以根据《中华人民共和国民族区域自治法》和本法的有关规定，结合实际，制定促进和规范本地方少数民族医药事业发展的办法。

第六十二条 盲人按照国家有关规定取得盲人医疗按摩人员资格的，可以以个人开业的方式或者在医疗机构内提供医疗按摩服务。

第六十三条 本法自2017年7月1日起施行。

乡村医生从业管理条例

（2003年7月30日国务院第16次常务会议通过，2003年8月5日中华人民共和国国务院令第386号公布，自2004年1月1日起施行）

第一章　总　　则

第一条　为了提高乡村医生的职业道德和业务素质，加强乡村医生从业管理，保护乡村医生的合法权益，保障村民获得初级卫生保健服务，根据《中华人民共和国执业医师法》（以下称执业医师法）的规定，制定本条例。

第二条　本条例适用于尚未取得执业医师资格或者执业助理医师资格，经注册在村医疗卫生机构从事预防、保健和一般医疗服务的乡村医生。

村医疗卫生机构中的执业医师或者执业助理医师，依照执业医师法的规定管理，不适用本条例。

第三条　国务院卫生行政主管部门负责全国乡村医生的管理工作。

县级以上地方人民政府卫生行政主管部门负责本行政区域内乡村医生的管理工作。

第四条　国家对在农村预防、保健、医疗服务和突发事件应急处理工作中做出突出成绩的乡村医生，给予奖励。

第五条　地方各级人民政府应当加强乡村医生的培训工作，采取多种形式对乡村医生进行培训。

第六条　具有学历教育资格的医学教育机构，应当按照国家有关规定开展适应农村需要的医学学历教育，定向为农村培养适用的卫生人员。

国家鼓励乡村医生学习中医药基本知识，运用中医药技能防治疾病。

第七条　国家鼓励乡村医生通过医学教育取得医学专业学历；鼓励符合条件的乡村医生申请参加国家医师资格考试。

第八条　国家鼓励取得执业医师资格或者执业助理医师资格的人员，开办村医疗卫生机构，或者在村医疗卫生机构向村民提供预防、保健和医疗服务。

第二章　执业注册

第九条　国家实行乡村医生执业注册制度。

县级人民政府卫生行政主管部门负责乡村医生执业注册工作。

第十条 本条例公布前的乡村医生，取得县级以上地方人民政府卫生行政主管部门颁发的乡村医生证书，并符合下列条件之一的，可以向县级人民政府卫生行政主管部门申请乡村医生执业注册，取得乡村医生执业证书后，继续在村医疗卫生机构执业：

（一）已经取得中等以上医学专业学历的；

（二）在村医疗卫生机构连续工作20年以上的；

（三）按照省、自治区、直辖市人民政府卫生行政主管部门制定的培训规划，接受培训取得合格证书的。

第十一条 对具有县级以上地方人民政府卫生行政主管部门颁发的乡村医生证书，但不符合本条例第十条规定条件的乡村医生，县级人民政府卫生行政主管部门应当进行有关预防、保健和一般医疗服务基本知识的培训，并根据省、自治区、直辖市人民政府卫生行政主管部门确定的考试内容、考试范围进行考试。

前款所指的乡村医生经培训并考试合格的，可以申请乡村医生执业注册；经培训但考试不合格的，县级人民政府卫生行政主管部门应当组织对其再次培训和考试。不参加再次培训或者再次考试仍不合格的，不得申请乡村医生执业注册。

本条所指的培训、考试，应当在本条例施行后6个月内完成。

第十二条 本条例公布之日起进入村医疗卫生机构从事预防、保健和医疗服务的人员，应当具备执业医师资格或者执业助理医师资格。

不具备前款规定条件的地区，根据实际需要，可以允许具有中等医学专业学历的人员，或者经培训达到中等医学专业水平的其他人员申请执业注册，进入村医疗卫生机构执业。具体办法由省、自治区、直辖市人民政府制定。

第十三条 符合本条例规定申请在村医疗卫生机构执业的人员，应当持村医疗卫生机构出具的拟聘用证明和相关学历证明、证书，向村医疗卫生机构所在地的县级人民政府卫生行政主管部门申请执业注册。

县级人民政府卫生行政主管部门应当自受理申请之日起15日内完成审核工作，对符合本条例规定条件的，准予执业注册，发给乡村医生执业证书；对不符合本条例规定条件的，不予注册，并书面说明理由。

第十四条 乡村医生有下列情形之一的，不予注册：

（一）不具有完全民事行为能力的；

（二）受刑事处罚，自刑罚执行完毕之日起至申请执业注册之日止不满2年的；

（三）受吊销乡村医生执业证书行政处罚，自处罚决定之日起至申请执业注册之日止不满2年的。

第十五条 乡村医生经注册取得执业证书后，方可在聘用其执业的村医疗卫生机构从事预防、保健和一般医疗服务。

未经注册取得乡村医生执业证书的，不得执业。

第十六条 乡村医生执业证书有效期为5年。

乡村医生执业证书有效期满需要继续执业的，应当在有效期满前3个月申请再注册。

县级人民政府卫生行政主管部门应当自受理申请之日起15日内进行审核，对符合省、自治区、直辖市人民政府卫生行政主管部门规定条件的，准予再注册，换发乡村医生执业证书；对不符合条件的，不予再注册，由发证部门收回原乡村医生执业证书。

第十七条 乡村医生应当在聘用其执业的村医疗卫生机构执业；变更执业的村医疗卫生机构的，应当依照本条例第十三条规定的程序办理变更注册手续。

第十八条 乡村医生有下列情形之一的，由原注册的卫生行政主管部门注销执业注册，收回乡村医生执业证书：

（一）死亡或者被宣告失踪的；

（二）受刑事处罚的；

（三）中止执业活动满2年的；

（四）考核不合格，逾期未提出再次考核申请或者经再次考核仍不合格的。

第十九条 县级人民政府卫生行政主管部门应当将准予执业注册、再注册和注销注册的人员名单向其执业的村医疗卫生机构所在地的村民公告，并由设区的市级人民政府卫生行政主管部门汇总，报省、自治区、直辖市人民政府卫生行政主管部门备案。

第二十条 县级人民政府卫生行政主管部门办理乡村医生执业注册、再注册、注销注册，应当依据法定权限、条件和程序，遵循便民原则，提高办事效率。

第二十一条 村民和乡村医生发现违法办理乡村医生执业注册、再注册、注销注册的，可以向有关人民政府卫生行政主管部门反映；有关人民政府卫生行政主管部门对反映的情况应当及时核实，调查处理，并将调查处理结果予以公布。

第二十二条 上级人民政府卫生行政主管部门应当加强对下级人民政府卫生行政主管部门办理乡村医生执业注册、再注册、注销注册的监督检查，及时纠正违法行为。

第三章 执业规则

第二十三条 乡村医生在执业活动中享有下列权利：

（一）进行一般医学处置，出具相应的医学证明；

（二）参与医学经验交流，参加专业学术团体；

（三）参加业务培训和教育；

（四）在执业活动中，人格尊严、人身安全不受侵犯；

（五）获取报酬；

（六）对当地的预防、保健、医疗工作和卫生行政主管部门的工作提出意见和建议。

第二十四条 乡村医生在执业活动中应当履行下列义务：

（一）遵守法律、法规、规章和诊疗护理技术规范、常规；

（二）树立敬业精神，遵守职业道德，履行乡村医生职责，为村民健康服务；

（三）关心、爱护、尊重患者，保护患者的隐私；

（四）努力钻研业务，更新知识，提高专业技术水平；

（五）向村民宣传卫生保健知识，对患者进行健康教育。

第二十五条　乡村医生应当协助有关部门做好初级卫生保健服务工作；按照规定及时报告传染病疫情和中毒事件，如实填写并上报有关卫生统计报表，妥善保管有关资料。

第二十六条　乡村医生在执业活动中，不得重复使用一次性医疗器械和卫生材料。对使用过的一次性医疗器械和卫生材料，应当按照规定处置。

第二十七条　乡村医生应当如实向患者或者其家属介绍病情，对超出一般医疗服务范围或者限于医疗条件和技术水平不能诊治的病人，应当及时转诊；情况紧急不能转诊的，应当先行抢救并及时向有抢救条件的医疗卫生机构求助。

第二十八条　乡村医生不得出具与执业范围无关或者与执业范围不相符的医学证明，不得进行实验性临床医疗活动。

第二十九条　省、自治区、直辖市人民政府卫生行政主管部门应当按照乡村医生一般医疗服务范围，制定乡村医生基本用药目录。乡村医生应当在乡村医生基本用药目录规定的范围内用药。

第三十条　县级人民政府对乡村医生开展国家规定的预防、保健等公共卫生服务，应当按照有关规定予以补助。

第四章　培训与考核

第三十一条　省、自治区、直辖市人民政府组织制定乡村医生培训规划，保证乡村医生至少每2年接受一次培训。县级人民政府根据培训规划制定本地区乡村医生培训计划。

对承担国家规定的预防、保健等公共卫生服务的乡村医生，其培训所需经费列入县级财政预算。对边远贫困地区，设区的市级以上地方人民政府应当给予适当经费支持。

国家鼓励社会组织和个人支持乡村医生培训工作。

第三十二条　县级人民政府卫生行政主管部门根据乡村医生培训计划，负责组织乡村医生的培训工作。

乡、镇人民政府以及村民委员会应当为乡村医生开展工作和学习提供条件，保证乡村医生接受培训和继续教育。

第三十三条　乡村医生应当按照培训规划的要求至少每2年接受一次培训，更新医学知识，提高业务水平。

第三十四条 县级人民政府卫生行政主管部门负责组织本地区乡村医生的考核工作；对乡村医生的考核，每2年组织一次。

对乡村医生的考核应当客观、公正，充分听取乡村医生执业的村医疗卫生机构、乡村医生本人、所在村村民委员会和村民的意见。

第三十五条 县级人民政府卫生行政主管部门负责检查乡村医生执业情况，收集村民对乡村医生业务水平、工作质量的评价和建议，接受村民对乡村医生的投诉，并进行汇总、分析。汇总、分析结果与乡村医生接受培训的情况作为对乡村医生进行考核的主要内容。

第三十六条 乡村医生经考核合格的，可以继续执业；经考核不合格的，在6个月之内可以申请进行再次考核。逾期未提出再次考核申请或者经再次考核仍不合格的乡村医生，原注册部门应当注销其执业注册，并收回乡村医生执业证书。

第三十七条 有关人民政府卫生行政主管部门对村民和乡村医生提出的意见、建议和投诉，应当及时调查处理，并将调查处理结果告知村民或者乡村医生。

第五章 法律责任

第三十八条 乡村医生在执业活动中，违反本条例规定，有下列行为之一的，由县级人民政府卫生行政主管部门责令限期改正，给予警告；逾期不改正的，责令暂停3个月以上6个月以下执业活动；情节严重的，由原发证部门暂扣乡村医生执业证书：

（一）执业活动超出规定的执业范围，或者未按照规定进行转诊的；

（二）违反规定使用乡村医生基本用药目录以外的处方药品的；

（三）违反规定出具医学证明，或者伪造卫生统计资料的；

（四）发现传染病疫情、中毒事件不按规定报告的。

第三十九条 乡村医生在执业活动中，违反规定进行实验性临床医疗活动，或者重复使用一次性医疗器械和卫生材料的，由县级人民政府卫生行政主管部门责令停止违法行为，给予警告，可以并处1000元以下的罚款；情节严重的，由原发证部门暂扣或者吊销乡村医生执业证书。

第四十条 乡村医生变更执业的村医疗卫生机构，未办理变更执业注册手续的，由县级人民政府卫生行政主管部门给予警告，责令限期办理变更注册手续。

第四十一条 以不正当手段取得乡村医生执业证书的，由发证部门收缴乡村医生执业证书；造成患者人身损害的，依法承担民事赔偿责任；构成犯罪的，依法追究刑事责任。

第四十二条 未经注册在村医疗卫生机构从事医疗活动的，由县级以上地方人民政府卫生行政主管部门予以取缔，没收其违法所得以及药品、医疗器械，违法所得

5000元以上的，并处违法所得1倍以上3倍以下的罚款；没有违法所得或者违法所得不足5000元的，并处1000元以上3000元以下的罚款；造成患者人身损害的，依法承担民事赔偿责任；构成犯罪的，依法追究刑事责任。

第四十三条　县级人民政府卫生行政主管部门未按照乡村医生培训规划、计划组织乡村医生培训的，由本级人民政府或者上一级人民政府卫生行政主管部门责令改正；情节严重的，对直接负责的主管人员和其他直接责任人员依法给予行政处分。

第四十四条　县级人民政府卫生行政主管部门，对不符合本条例规定条件的人员发给乡村医生执业证书，或者对符合条件的人员不发给乡村医生执业证书的，由本级人民政府或者上一级人民政府卫生行政主管部门责令改正，收回或者补发乡村医生执业证书，并对直接负责的主管人员和其他直接责任人员依法给予行政处分。

第四十五条　县级人民政府卫生行政主管部门对乡村医生执业注册或者再注册申请，未在规定时间内完成审核工作的，或者未按照规定将准予执业注册、再注册和注销注册的人员名单向村民予以公告的，由本级人民政府或者上一级人民政府卫生行政主管部门责令限期改正；逾期不改正的，对直接负责的主管人员和其他直接责任人员依法给予行政处分。

第四十六条　卫生行政主管部门对村民和乡村医生反映的办理乡村医生执业注册、再注册、注销注册的违法活动未及时核实、调查处理或者未公布调查处理结果的，由本级人民政府或者上一级人民政府卫生行政主管部门责令限期改正；逾期不改正的，对直接负责的主管人员和其他直接责任人员依法给予行政处分。

第四十七条　寻衅滋事、阻碍乡村医生依法执业，侮辱、诽谤、威胁、殴打乡村医生，构成违反治安管理行为的，由公安机关依法予以处罚；构成犯罪的，依法追究刑事责任。

第六章　附　　则

第四十八条　乡村医生执业证书格式由国务院卫生行政主管部门规定。

第四十九条　本条例自2004年1月1日起施行。

国务院办公厅
关于进一步加强乡村医生队伍建设的指导意见

（2011年7月2日　国办发〔2011〕31号）

各省、自治区、直辖市人民政府，国务院各部委、各直属机构：

乡村医生是具有中国特色、植根广大农村的卫生工作者，长期以来在维护广大农村居民健康方面发挥着难以替代的作用。随着农村经济体制改革和医改工作的深入推进，乡村医生队伍发展遇到了新的情况和问题。为确保农村医疗卫生服务“网底”不破，保障广大农村居民基本医疗和公共卫生服务的公平性、可及性，根据深化医药卫生体制改革的有关精神，经国务院同意，现就进一步加强乡村医生队伍建设提出以下指导意见：

一、总体要求

按照保基本、强基层、建机制的要求，从实际出发，明确乡村医生职责，改善执业场所，实现村卫生室和乡村医生全覆盖；将村卫生室纳入基本药物制度和新型农村合作医疗（以下简称新农合）门诊统筹实施范围，完善乡村医生补偿、养老政策，健全培养培训制度，规范执业行为，强化管理指导，提高乡村医生服务水平，为农村居民提供安全有效、方便价廉的基本医疗卫生服务。

二、明确乡村医生职责

乡村医生（包括在乡村执业的执业医师、执业助理医师，下同）主要为农村居民提供公共卫生和基本医疗服务，包括在专业公共卫生机构和乡镇卫生院的指导下，按照服务标准和规范开展基本公共卫生服务；协助专业公共卫生机构落实重大公共卫生服务项目，按规定及时报告传染病疫情和中毒事件，处置突发公共卫生事件等；使用适宜药物、适宜技术和中医药方法为农村居民提供常见病、多发病的一般诊治，将超出诊治能力的患者及时转诊到乡镇卫生院及县级医疗机构；受卫生行政部门委托填写统计报表，保管有关资料，开展宣传教育和协助新农合筹资等工作。

三、实现村卫生室和乡村医生全覆盖

（一）明确村卫生室规划设置和建设标准。县级卫生行政部门根据区域卫生规划和医疗机构设置规划，综合考虑服务人口、居民需求以及地理条件等因素，合理规划村卫生室设置。原则上每个行政村设置1所村卫生室，人口较多或者居住分散的行政村可酌情增设；乡镇卫生院所在地的行政村原则上不设村卫生室。

村卫生室可以由乡村医生联办、个体举办，或者由政府、集体或单位举办，经县级卫生行政部门批准后设立。村卫生室的用房和基本设备按照国家规定的标准配备。各地要采取公建民营、政府补助等多种方式，支持村卫生室的房屋建设和设备购置。

（二）合理配置乡村医生。乡村医生可在村医疗卫生机构执业（包括村卫生室及按照国家有关规定开办的诊所等其他医疗卫生机构）。在村卫生室执业的乡村医生由县级卫生行政部门会同有关部门考核确定，原则上每千人应有1名乡村医生，居住分散的行政村可适当增加；每所村卫生室至少有1名乡村医生执业。

各地要对村卫生室和乡村医生情况进行全面摸底，对目前没有村卫生室和乡村医生的行政村，政府要积极鼓励有资质人员举办村卫生室，或者由政府建设村卫生室；积极采取定向培养、委托培训、乡镇卫生院派人驻点等多种方式引导乡村医生到村卫生室执业，确保2011年年底前每个应设村卫生室的行政村都有1所村卫生室，每个村卫生室都有乡村医生。

四、加强乡村医生和村卫生室管理

（一）严格乡村医生执业资格。乡村医生必须具有乡村医生执业证书或执业（助理）医师证书，并在卫生行政部门注册并获得相关执业许可。在村卫生室从事护理等其他服务的人员也应具备相应的合法执业资格。县级卫生行政部门要严格按照执业医师法和《乡村医生从业管理条例》等有关法律法规，加强准入管理。新进入村卫生室从事预防、保健和医疗服务的人员原则上应当具备执业助理医师及以上资格。严禁并坚决打击不具备资格人员非法行医。

（二）强化县级卫生等部门的管理职责。县级卫生行政部门要将乡村医生和村卫生室纳入管理范围，对其服务行为和药品器械使用等进行监管。要建立健全符合村卫生室功能定位的规章制度和业务技术流程，组织乡村医生培训。要科学划分乡镇卫生院和村卫生室的职能分工，合理分配基本公共卫生服务任务量，加强绩效考核。考核结果在所在行政村公示，并作为财政补助经费核算和对在村卫生室执业的乡村医生进行动态调整的依据。县级卫生、财政、价格等部门要加强对乡村医生和村卫生室补助经费使用的监管，督促其规范会计核算和财务管理，公开医疗服务和药品收费项目及价格，做到收费有单据、账目有记录、支出有凭证。

（三）加强乡镇卫生院对村卫生室的业务指导和管理。鼓励各地在不改变乡村医生人员身份和村卫生室法人、财产关系的前提下，积极推进乡镇卫生院和村卫生室一体化管理，由县级卫生行政部门委托乡镇卫生院对乡村医生和村卫生室进行技术指导、业务和药品器械供应管理以及绩效考核。乡镇卫生院要通过业务讲座、例会等多种方式加强对乡村医生的业务指导，对乡村医生及村卫生室药品器械供应使用和财务管理进行日常监督，在县级卫生行政部门统一组织下对乡村医生及村卫生室的服务质量和数量进行考核。

（四）提高村卫生室信息化水平。将村卫生室纳入基层医疗卫生机构信息化建设和管理范围，充分利用信息技术对其服务行为、药品器械供应使用加强管理和绩效考核，提高乡村医生及村卫生室的服务能力和管理水平。根据村卫生室的功能定位设计有关软件，建立统一规范的居民电子健康档案，实行乡镇卫生院和村卫生室统一的电子票据和处方笺。

五、将村卫生室纳入相关制度实施范围

（一）在村卫生室实施基本药物制度。将村卫生室纳入基本药物制度实施范围，执行基本药物制度的各项政策，实行基本药物集中采购、配备使用和零差率销售。在村卫生室执业的乡村医生要全部使用基本药物，基本药物由乡镇卫生院负责供应。

（二）积极将村卫生室纳入新农合门诊统筹实施范围。将符合条件的村卫生室纳入新农合定点医疗机构管理，并将村卫生室收取的一般诊疗费和使用的基本药物纳入新农合支付范围，支付比例不低于在乡镇卫生院就医的支付比例。要充分发挥新农合对乡村医生、村卫生室医疗费用和服务行为的监管作用。鼓励地方结合推进新农合门诊统筹，同步开展新农合支付方式改革，探索按人头支付、总额预付等多种支付方式，利用支付政策引导乡村医生和村卫生室转变服务行为，提高服务质量。要加强对新农合支付村卫生室诊疗和药品费用的监管，防止虚开单据，骗取套取新农合资金。

六、完善乡村医生补偿和养老政策

（一）健全多渠道补偿政策。根据乡村医生提供服务的数量和质量多渠道予以补偿。

对乡村医生提供的基本公共卫生服务，主要通过政府购买服务的方式进行合理补助。县级卫生行政部门根据乡村医生的职责、服务能力及服务人口数量，明确应当由乡村医生提供的基本公共卫生服务具体内容，并合理核定其任务量，确保与其功能定位和服务能力相适应。根据实际工作量，将相应比例的国家基本公共卫生服务经费拨付给乡村医生，不得挤占、截留或挪用。

对乡村医生提供的基本医疗服务，主要由个人和新农合基金进行支付。各地要按照《国务院办公厅关于建立健全基层医疗卫生机构补偿机制的意见》（国办发〔2010〕62号）要求，合理制定村卫生室一般诊疗费标准以及新农合支付标准和办法。在综合考虑新农合基金承受能力和不增加群众个人负担的前提下，充分发挥新农合对乡村医生的补偿作用。

村卫生室实施基本药物制度后，为保证在村卫生室执业的乡村医生合理收入不降低，各地要综合考虑基本医疗和公共卫生服务补偿情况，采取专项补助的方式对在村卫生室执业的乡村医生给予定额补偿。可以按照服务人口数量或者核定后的乡村医生人数制定补助标准，补助水平与对当地村干部的补助水平相衔接。具体补偿政策由各省（区、市）政府结合实际制定。

鼓励有条件的地方进一步提高对服务年限长和在偏远、条件艰苦地区执业的乡村医生的补助水平。

（二）积极解决乡村医生的养老问题。各地要结合新型农村社会养老保险制度（以下简称新农保）的推进，积极引导符合条件的乡村医生参加新农保，对符合新农保待遇领取条件的乡村医生发放养老金。各地政府可以采取补助等多种形式，妥善解决好老年乡村医生的保障和生活困难问题，具体办法由当地政府结合实际制定。

七、健全乡村医生培养培训制度

（一）加强乡村医生的培训。各省（区、市）卫生行政部门要合理制定乡村医生培养培训规划，采取临床进修、集中培训、城乡对口支援等多种方式，选派乡村医生到县级医疗卫生机构或医学院校接受培训。县级卫生行政部门对在村卫生室执业的乡村医生每年免费培训不少于两次，累计培训时间不少于两周。

（二）加强乡村医生后备力量建设。县级卫生行政部门要摸清并动态掌握本行政区域内乡村医生执业情况，着眼长远，编制乡村医生队伍建设规划，建立乡村医生后备人才库，从本地选派人员进行定向培养，及时补充到村卫生室。有条件的地方要制定优惠政策，吸引城市退休医生、执业（助理）医师和医学院校毕业生到村卫生室工作。各地要结合探索建立全科医生团队和推进签约服务模式，积极做好乡村医生队伍建设和全科医生队伍建设的衔接。

八、切实做好组织实施工作

（一）加强组织领导。地方各级人民政府要高度重视乡村医生在基层医疗卫生服务体系中的重要作用，将乡村医生队伍建设作为医改的重要工作，列入议事日程，完善相关配套政策，确保顺利实施。各有关部门要认真履行职责，强化协作配合，加大督促指导力度，确保各项工作扎实推进。

（二）制定实施方案。各省（区、市）要结合本地实际，进一步细化、实化相关政策措施，在本意见印发30个工作日内，制定具体实施方案，并报国务院医改办公室、卫生部、财政部、人力资源社会保障部备案。

（三）落实资金投入。各地区要督促指导县级人民政府积极调整财政支出结构，将完善乡村医生补偿和养老政策以及村卫生室建设等方面所需资金纳入财政年度预算，并及时拨付到位，确保资金专款专用，不得挤占和挪用。省级人民政府要承担统筹责任，进一步加大对困难地区的转移支付力度。中央财政将通过转移支付加大对困难地区的支持力度，并对在村卫生室执业的乡村医生实施基本药物制度给予必要的补助。严禁以任何名义向乡村医生收取、摊派国家规定之外的费用，要为乡村医生创造良好的执业环境。

国务院办公厅

二〇一一年七月二日

国务院办公厅
关于进一步加强乡村医生队伍建设的实施意见

（2015年3月6日　国办发〔2015〕13号）

各省、自治区、直辖市人民政府，国务院各部委、各直属机构：

乡村医生是我国医疗卫生服务队伍的重要组成部分，是最贴近亿万农村居民的健康“守护人”，是发展农村医疗卫生事业、保障农村居民健康的重要力量。近年来特别是新一轮医药卫生体制改革实施以来，乡村医生整体素质稳步提高，服务条件显著改善，农村居民基本医疗卫生服务的公平性、可及性不断提升。但也要看到，乡村医生队伍仍是农村医疗卫生服务体系的薄弱环节，难以适应农村居民日益增长的医疗卫生服务需求。按照深化医药卫生体制改革的总体要求，为进一步加强乡村医生队伍建设，切实筑牢农村医疗卫生服务网底，经国务院同意，现提出以下意见。

一、总体要求和主要目标

（一）总体要求。坚持保基本、强基层、建机制，从我国国情和基本医疗卫生制度长远建设出发，改革乡村医生服务模式和激励机制，落实和完善乡村医生补偿、养老和培养培训政策，加强医疗卫生服务监管，稳定和优化乡村医生队伍，全面提升村级医疗卫生服务水平。

（二）主要目标。通过10年左右的努力，力争使乡村医生总体具备中专及以上学历，逐步具备执业助理医师及以上资格，乡村医生各方面合理待遇得到较好保障，基本建成一支素质较高、适应需要的乡村医生队伍，促进基层首诊、分级诊疗制度的建立，更好保障农村居民享受均等化的基本公共卫生服务和安全、有效、方便、价廉的基本医疗服务。

二、明确乡村医生功能任务

（三）明确乡村医生职责。乡村医生（包括在村卫生室执业的执业医师、执业助理医师，下同）主要负责向农村居民提供公共卫生和基本医疗服务，并承担卫生计生行政部门委托的其他医疗卫生服务相关工作。

（四）合理配置乡村医生。随着基本公共卫生服务的深入开展和基层首诊、分级诊疗制度的逐步建立，各地要综合考虑辖区服务人口、服务现状和预期需求以及地理条件等因素，合理配置乡村医生，原则上按照每千服务人口不少于1名的标准配备乡村医生。

三、加强乡村医生管理

（五）严格乡村医生执业准入。在村卫生室执业的医护人员必须具备相应的资格并按规定进行注册。新进入村卫生室从事预防、保健和医疗服务的人员，应当具备执业医师或执业助理医师资格。条件不具备的地区，要严格按照《乡村医生从业管理条例》要求，由省级人民政府制订具有中等医学专业学历的人员或者经培训达到中等医学专业水平的人员进入村卫生室执业的具体办法。

（六）规范乡村医生业务管理。县级卫生计生行政部门按照《中华人民共和国执业医师法》、《乡村医生从业管理条例》等有关规定，切实加强乡村医生执业管理和服务质量监管，促进合理用药，提高医疗卫生服务的安全性和有效性。

（七）规范开展乡村医生考核。在县级卫生计生行政部门的统一组织下，由乡镇卫生院定期对乡村医生开展考核。考核内容包括乡村医生提供的基本医疗和基本公共卫生服务的数量、质量和群众满意度，乡村医生学习培训情况以及医德医风等情况。考核结果作为乡村医生执业注册和财政补助的主要依据。

四、优化乡村医生学历结构

（八）加强继续教育。各地要按照《全国乡村医生教育规划（2011—2020年）》要求，切实加强乡村医生教育和培养工作。鼓励符合条件的在岗乡村医生进入中、高等医学（卫生）院校（含中医药院校）接受医学学历教育，提高整体学历层次。对于按规定参加学历教育并取得医学相应学历的在岗乡村医生，政府对其学费可予以适当补助。

（九）实施订单定向培养。加强农村订单定向医学生免费培养工作，重点实施面向村卫生室的3年制中、高职免费医学生培养。免费医学生主要招收农村生源。

五、提高乡村医生岗位吸引力

（十）拓宽乡村医生发展空间。在同等条件下，乡镇卫生院优先聘用获得执业医师、执业助理医师资格的乡村医生，进一步吸引执业医师、执业助理医师和医学院校毕业生到村卫生室工作。鼓励各地结合实际开展乡村一体化管理试点，按照国家政策规定的程序和要求聘用具有执业医师、执业助理医师资格的乡村医生。

（十一）规范开展乡村医生岗位培训。各地要依托县级医疗卫生机构或有条件的中心乡镇卫生院，开展乡村医生岗位培训。乡村医生每年接受免费培训不少于2次，累计培训时间不少于2周；各地可选派具有执业医师或执业助理医师资格的优秀乡村医生到省、市级医院接受免费培训；乡村医生每3—5年免费到县级医疗卫生机构或有条件的中心乡镇卫生院脱产进修，进修时间原则上不少于1个月。乡村医生应学习中医药知识，运用中医药技能防治疾病。到村卫生室工作的医学院校本科毕业生优先参加住院医师规范化培训。

六、转变乡村医生服务模式

（十二）开展契约式服务。各地要结合实际，探索开展乡村医生和农村居民的签约服务。乡村医生或由乡镇卫生院业务骨干（含全科医生）和乡村医生组成团队与农村居民签订一定期限的服务协议，建立相对稳定的契约服务关系，提供约定的基本医疗卫生服务，并按规定收取服务费。服务费由医保基金、基本公共卫生服务经费和签约居民分担，具体标准和保障范围由各地根据当地医疗卫生服务水平、签约人群结构以及医保基金和基本公共卫生服务经费承受能力等因素确定。乡村医生提供签约服务，除按规定收取服务费外，不得另行收取其他费用。加大适宜技术的推广力度，鼓励乡村医生提供个性化的健康服务，并按有关规定收取费用。

（十三）建立乡村全科执业助理医师制度。做好乡村医生队伍建设和全科医生队伍建设的衔接。在现行的执业助理医师资格考试中增设乡村全科执业助理医师资格考试。乡村全科执业助理医师资格考试按照国家医师资格考试相关规定，由国家行业主管部门制定考试大纲，统一组织，单独命题，考试合格的发放乡村全科执业助理医师资格证书，限定在乡镇卫生院或村卫生室执业。取得乡村全科执业助理医师资格的人员可以按规定参加医师资格考试。

七、保障乡村医生合理收入

（十四）切实落实乡村医生多渠道补偿政策。各地要综合考虑乡村医生工作的实际情况、服务能力和服务成本，采取购买服务的方式，保障乡村医生合理的收入水平。

对于乡村医生提供的基本公共卫生服务，通过政府购买服务的方式，根据核定的任务量和考核结果，将相应的基本公共卫生服务经费拨付给乡村医生。在2014年和2015年将农村地区新增的人均5元基本公共卫生服务补助资金全部用于乡村医生的基础上，未来新增的基本公共卫生服务补助资金继续重点向乡村医生倾斜，用于加强村级基本公共卫生服务工作。

未开展乡村医生和农村居民签约服务的地方，对于乡村医生提供的基本医疗服务，要通过设立一般诊疗费等措施，由医保基金和个人分担。在综合考虑乡村医生服务水平、医保基金承受能力和不增加群众个人负担的前提下，科学测算确定村卫生室一般诊疗费标准，原则上不高于基层医疗卫生机构一般诊疗费标准，并由医保基金按规定支付。各地要将符合条件的村卫生室和个体诊所等纳入医保定点医疗机构管理。

对于在实施基本药物制度的村卫生室执业的乡村医生，要综合考虑基本医疗和基本公共卫生服务补偿情况，给予定额补助。定额补助标准由各省（区、市）人民政府按照服务人口数量或乡村医生人数核定。

随着经济社会的发展，动态调整乡村医生各渠道补助标准，逐步提高乡村医生的待遇水平。

（十五）提高艰苦边远地区乡村医生待遇。对在国家有关部门规定的艰苦边远地区和连片特困地区服务的乡村医生，地方财政要适当增加补助。

八、建立健全乡村医生养老和退出政策

（十六）完善乡村医生养老政策。各地要支持和引导符合条件的乡村医生按规定参加职工基本养老保险。不属于职工基本养老保险覆盖范围的乡村医生，可在户籍地参加城乡居民基本养老保险。

对于年满60周岁的乡村医生，各地要结合实际，采取补助等多种形式，进一步提高乡村医生养老待遇。

（十七）建立乡村医生退出机制。各地要结合实际，建立乡村医生退出机制。确有需要的，村卫生室可以返聘乡村医生继续执业。

九、改善乡村医生工作条件和执业环境

（十八）加强村卫生室建设。各地要依托农村公共服务平台建设等项目，采取公建民营、政府补助等方式，进一步支持村卫生室房屋建设和设备购置。加快信息化建设，运用移动互联网技术，建立以农村居民健康档案和基本诊疗为核心的信息系统并延伸至村卫生室，支持新型农村合作医疗即时结算管理、健康档案和基本诊疗信息联动、绩效考核以及远程培训、远程医疗等。

（十九）建立乡村医生执业风险化解机制。建立适合乡村医生特点的医疗风险分担机制，可采取县域内医疗卫生机构整体参加医疗责任保险等多种方式有效化解乡村医生的执业风险，不断改善乡村医生执业环境。

十、加强组织领导

（二十）制定实施方案。各地、各有关部门要将加强乡村医生队伍建设纳入深化医药卫生体制改革中统筹考虑。各省（区、市）要在2015年3月底前制订出台具体实施方案，并报国务院医改办公室、卫生计生委、发展改革委、教育部、财政部、人力资源社会保障部备案。

（二十一）落实资金投入。县级人民政府要将乡村医生队伍建设相关经费纳入财

政预算。中央财政和省级人民政府对乡村医生队伍建设予以支持，进一步加大对困难地区的补助力度。各级财政要及时足额下拨乡村医生队伍建设相关经费，确保专款专用，不得截留、挪用、挤占。

（二十二）开展督导检查。各地要切实维护乡村医生的合法权益，严禁以任何名义向乡村医生收取、摊派国家规定之外的费用。对在农村预防保健、医疗服务和突发事件应急处理工作中作出突出成绩的乡村医生，可按照国家有关规定给予表彰。各地和有关部门要建立督查和通报机制，确保乡村医生相关政策得到落实。

国务院办公厅

2015年3月6日

国务院关于建立全科医生制度的指导意见

（2011年7月1日　国发〔2011〕23号）

各省、自治区、直辖市人民政府，国务院各部委、各直属机构：

为深入贯彻医药卫生体制改革精神，现就建立全科医生制度提出以下指导意见：

一、充分认识建立全科医生制度的重要性和必要性

（一）建立全科医生制度是保障和改善城乡居民健康的迫切需要。我国是一个有13亿多人口的发展中国家，随着经济发展和人民生活水平的提高，城乡居民对提高健康水平的要求越来越高；同时，工业化、城镇化和生态环境变化带来的影响健康因素越来越多，人口老龄化和疾病谱变化也对医疗卫生服务提出新要求。全科医生是综合程度较高的医学人才，主要在基层承担预防保健、常见病多发病诊疗和转诊、病人康复和慢性病管理、健康管理等一体化服务，被称为居民健康的"守门人"。建立全科医生制度，发挥好全科医生的作用，有利于充分落实预防为主方针，使医疗卫生更好地服务人民健康。

（二）建立全科医生制度是提高基层医疗卫生服务水平的客观要求。加强基层医疗卫生工作是医药卫生事业改革发展的重点，是提高基本医疗卫生服务的公平性、可及性的基本途径；医疗卫生人才是决定基层医疗卫生服务水平的关键。多年来，我国基层医疗卫生人才队伍建设相对滞后，合格的全科医生数量严重不足，制约了基层医疗卫生服务水平提高。建立全科医生制度，为基层培养大批"下得去、留得住、用得好"的合格全科医生，是提高基层医疗卫生服务水平的客观要求和必由之路。

（三）建立全科医生制度是促进医疗卫生服务模式转变的重要举措。建立分级诊疗模式，实行全科医生签约服务，将医疗卫生服务责任落实到医生个人，是我国医疗卫生服务的发展方向，也是许多国家的通行做法和成功经验。建立适合我国国情的全科医生制度，有利于优化医疗卫生资源配置、形成基层医疗卫生机构与城市医院合理分工的诊疗模式，有利于为群众提供连续协调、方便可及的基本医疗卫生服务，缓解群众"看病难、看病贵"的状况。

二、建立全科医生制度的指导思想、基本原则和总体目标

（四）指导思想。按照深化医药卫生体制改革的总体思路，适应我国经济社会发

展阶段和居民健康需求变化趋势，坚持保基本、强基层、建机制的基本路径，遵循医疗卫生事业发展和全科医生培养规律，强化政府在基本医疗卫生服务中的主导作用，注重发挥市场机制作用，立足基本国情，借鉴国际经验，坚持制度创新，试点先行，逐步建立和完善中国特色全科医生培养、使用和激励制度，全面提高基层医疗卫生服务水平。

（五）基本原则。坚持突出实践、注重质量，以提高临床实践能力为重点，规范培养模式，统一培养标准，严格准入条件和资格考试，切实提高全科医生培养质量。坚持创新机制、服务健康，改革全科医生执业方式，建立健全激励机制，引导全科医生到基层执业，逐步形成以全科医生为主体的基层医疗卫生队伍，为群众提供安全、有效、方便、价廉的基本医疗卫生服务。坚持整体设计、分步实施，既着眼长远，加强总体设计，逐步建立统一规范的全科医生制度；又立足当前，多渠道培养全科医生，满足现阶段基层对全科医生的需要。

（六）总体目标。到2020年，在我国初步建立起充满生机和活力的全科医生制度，基本形成统一规范的全科医生培养模式和“首诊在基层”的服务模式，全科医生与城乡居民基本建立比较稳定的服务关系，基本实现城乡每万名居民有2—3名合格的全科医生，全科医生服务水平全面提高，基本适应人民群众基本医疗卫生服务需求。

三、逐步建立统一规范的全科医生培养制度

（七）规范全科医生培养模式。将全科医生培养逐步规范为“5+3”模式，即先接受5年的临床医学（含中医学）本科教育，再接受3年的全科医生规范化培养。在过渡期内，3年的全科医生规范化培养可以实行“毕业后规范化培训”和“临床医学研究生教育”两种方式，具体方式由各省（区、市）确定。

参加毕业后规范化培训的人员主要从具有本科及以上学历的临床医学专业毕业生中招收，培训期间由全科医生规范化培养基地在卫生部门（含中医药管理部门）和教育部门共同指导下进行管理。全科方向的临床医学专业学位研究生按照统一的全科医生规范化培养要求进行培养，培养结束考核合格者可获得全科医生规范化培养合格证书；临床医学专业学位研究生教育以教育部门为主管理。

（八）统一全科医生规范化培养方法和内容。全科医生规范化培养以提高临床和公共卫生实践能力为主，在国家认定的全科医生规范化培养基地进行，实行导师制和学分制管理。参加培养人员在培养基地临床各科及公共卫生、社区实践平台逐科（平台）轮转。在临床培养基地规定的科室轮转培训时间原则上不少于2年，并另外安排一定时间在基层实践基地和专业公共卫生机构进行服务锻炼。经培养基地按照国家标准组织考核，达到病种、病例数和临床基本能力、基本公共卫生实践能力及职业素质要求并取得规定学分者，可取得全科医生规范化培养合格证书。规范化培养的具体内

容和标准由卫生部、教育部、国家中医药管理局制定。

（九）规范参加全科医生规范化培养人员管理。参加全科医生规范化培养人员是培养基地住院医师的一部分，培养期间享受培养基地住院医师待遇，财政根据不同情况给予补助，其中，具有研究生身份的，执行国家现行研究生教育有关规定；由工作单位选派的，人事工资关系不变。规范化培养期间不收取培训（学）费，多于标准学分和超过规定时间的培养费用由个人承担。具体管理办法由人力资源社会保障部、卫生部、教育部、财政部制定。

（十）统一全科医生的执业准入条件。在全科医生规范化培养阶段，参加培养人员在导师指导下可从事医学诊查、疾病调查、医学处置等临床工作和参加医院值班，并可按规定参加国家医师资格考试。注册全科医师必须经过3年全科医生规范化培养取得合格证书，并通过国家医师资格考试取得医师资格。

（十一）统一全科医学专业学位授予标准。具有5年制临床医学本科及以上学历者参加全科医生规范化培养合格后，符合国家学位要求的授予临床医学（全科方向）相应专业学位。具体办法由国务院学位委员会、卫生部制定。

（十二）完善临床医学基础教育。临床医学本科教育要以医学基础理论和临床医学、预防医学基本知识及基本能力培养为主，同时加强全科医学理论和实践教学，着重强化医患沟通、基本药物使用、医药费用管理等方面能力的培养。

（十三）改革临床医学（全科方向）专业学位研究生教育。从2012年起，新招收的临床医学专业学位研究生（全科方向）要按照全科医生规范化培养的要求进行培养。要适应全科医生岗位需求，进一步加强临床医学研究生培养能力建设，逐步扩大全科方向的临床医学专业学位研究生招生规模。

（十四）加强全科医生的继续教育。以现代医学技术发展中的新知识和新技能为主要内容，加强全科医生经常性和针对性、实用性强的继续医学教育。加强对全科医生继续医学教育的考核，将参加继续医学教育情况作为全科医生岗位聘用、技术职务晋升和执业资格再注册的重要因素。

四、近期多渠道培养合格的全科医生

为解决当前基层急需全科医生与全科医生规范化培养周期较长之间的矛盾，近期要采取多种措施加强全科医生培养，力争到2012年每个城市社区卫生服务机构和农村乡镇卫生院都有合格的全科医生。

（十五）大力开展基层在岗医生转岗培训。对符合条件的基层在岗执业医师或执业助理医师，按需进行1—2年的转岗培训。转岗培训以提升基本医疗和公共卫生服务能力为主，在国家认定的全科医生规范化培养基地进行，培训结束通过省级卫生行政部门组织的统一考试，获得全科医生转岗培训合格证书，可注册为全科医师或助理全科医师。

（十六）强化定向培养全科医生的技能培训。适当增加为基层定向培养5年制临床医学专业学生的临床技能和公共卫生实习时间。对到经济欠发达的农村地区工作的3年制医学专科毕业生，可在国家认定的培养基地经2年临床技能和公共卫生培训合格并取得执业助理医师资格后，注册为助理全科医师，但各省（区、市）卫生行政部门要严格控制比例。

（十七）提升基层在岗医生的学历层次。鼓励基层在岗医生通过参加成人高等教育提升学历层次，符合条件后参加相应执业医师考试，考试合格可按程序注册为全科医师或助理全科医师。

（十八）鼓励医院医生到基层服务。严格执行城市医院医生在晋升主治医师或副主任医师职称前到基层累计服务1年的规定，卫生部门要做好组织、管理和考核工作。建立健全城市医院与基层医疗卫生机构的对口支援制度和双向交流机制，县级以上医院要通过远程医疗、远程教学等方式加强对基层的技术指导和培训。要制定管理办法，支持医院医生（包括退休医生）采取多种方式到基层医疗卫生机构（含私人诊所等社会力量举办的医疗机构）提供服务，并可获得合理报酬。

五、改革全科医生执业方式

（十九）引导全科医生以多种方式执业。取得执业资格的全科医生一般注册1个执业地点，也可以根据需要多点注册执业。全科医生可以在基层医疗卫生机构（或医院）全职或兼职工作，也可以独立开办个体诊所或与他人联合开办合伙制诊所。鼓励组建由全科医生和社区护士、公共卫生医生或乡村医生等人员组成的全科医生团队，划片为居民提供服务。要健全基层医疗卫生机构对全科医生的人力资源管理办法，规范私人诊所雇佣人员的劳动关系管理。

（二十）政府为全科医生提供服务平台。对到基层工作的全科医生（包括大医院专科医生），政府举办的基层医疗卫生机构要通过签订协议的方式为其提供服务平台。要充分依托现有资源组建区域性医学检查、检验中心，鼓励和规范社会零售药店发展，为全科医生执业提供条件。

（二十一）推行全科医生与居民建立契约服务关系。基层医疗卫生机构或全科医生要与居民签订一定期限的服务协议，建立相对稳定的契约服务关系，服务责任落实到全科医生个人。参保人员可在本县（市、区）医保定点服务机构或全科医生范围内自主选择签约医生，期满后可续约或另选签约医生。卫生行政部门和医保经办机构要根据参保人员的自主选择与定点服务机构或医生签订协议，确保全科医生与居民服务协议的落实。随着全科医生制度的完善，逐步将每名全科医生的签约服务人数控制在2000人左右，其中老年人、慢性病人、残疾人等特殊人群要有一定比例。

（二十二）积极探索建立分级医疗和双向转诊机制。逐步建立基层首诊和分级医疗管理制度，明确各级医院出入院标准和双向转诊机制。在有条件的地区先行开展全科医生首诊试点并逐步推行。人力资源社会保障部、卫生部要制定鼓励双向转诊的政策措施，将医保定点医疗机构执行双向转诊和分级医疗情况列为考核指标，并将考核结果与医保支付挂钩。

（二十三）加强全科医生服务质量监管。卫生行政部门要加强对全科医生执业注册管理和服务质量监管。卫生部门和医保经办机构要建立以服务数量、服务质量、居民满意度等为主要指标的考核体系，对全科医生进行严格考核，考核结果定期公布并与医保支付、基本公共卫生服务经费拨付挂钩。

六、建立全科医生的激励机制

（二十四）按签约服务人数收取服务费。全科医生为签约居民提供约定的基本医疗卫生服务，按年收取服务费。服务费由医保基金、基本公共卫生服务经费和签约居民个人分担，具体标准和保障范围由各地根据当地医疗卫生服务水平、签约人群结构以及基本医保基金和公共卫生经费承受能力等因素确定。在充分考虑居民接受程度的基础上，可对不同人群实行不同的服务费标准。各地确定全科医生签约服务内容和服务费标准要与医保门诊统筹和付费方式改革相结合。

（二十五）规范全科医生其他诊疗收费。全科医生向签约居民提供约定的基本医疗卫生服务，除按规定收取签约服务费外，不得另行收取其他费用。全科医生可根据签约居民申请提供非约定的医疗卫生服务，并按规定收取费用；也可向非签约居民提供门诊服务，按规定收取一般诊疗费等服务费用。参保人员政策范围内的门诊费用可按医保规定支付。逐步调整诊疗服务收费标准，合理体现全科医生技术劳务价值。

（二十六）合理确定全科医生的劳动报酬。全科医生及其团队成员属于政府举办的基层医疗卫生机构正式工作人员的，执行国家规定的工资待遇；其他在基层工作的全科医生按照与基层医疗卫生机构签订的服务合同和与居民签订的服务协议获得报酬，也可通过向非签约居民提供门诊服务获得报酬。基层医疗卫生机构内部绩效工资分配可采取设立全科医生津贴等方式，向全科医生等承担临床一线任务的人员倾斜。绩效考核要充分考虑全科医生的签约居民数量和构成、门诊工作量、服务质量、居民满意度以及居民医药费用控制情况等因素。

（二十七）完善鼓励全科医生到艰苦边远地区工作的津补贴政策。对到艰苦边远地区政府办基层医疗卫生机构工作的全科医生，按国家规定发放艰苦边远地区津贴。对在人口稀少、艰苦边远地区独立执业的全科医生，地方政府要制定优惠政策或给予必要补助，中央财政和省级财政在安排转移支付时要予以适当倾斜。

（二十八）拓宽全科医生的职业发展路径。鼓励地方按照有关规定设置特设岗位，招聘优秀的专业技术人才到基层医疗卫生机构工作。经过规范化培养的全科医生到基层医疗卫生机构丅作，可提前一年申请职称晋升，并可在同等条件下优先聘用到全科主治医师岗位。要将签约居民数量、接诊量、服务质量、群众满意度等作为全科医生职称晋升的重要因素，基层单位全科医生职称晋升按照国家有关规定可放宽外语要求，不对论文作硬性规定。建立基层医疗卫生人才流动机制，鼓励全科医生在县级医院与基层医疗卫生机构双向流动。专科医生培养基地招收学员时同等条件下优先录取具有基层执业经验的全科医生。

七、相关保障措施

（二十九）完善相关法律法规。在充分论证的基础上，推动修订执业医师法和相关法规，提高医生执业资格准入条件，明确全科医生的执业范围和权利责任，保障全科医生合法权益。研究制定医生多点执业的管理办法，明确自由执业者的职业发展政策，引导医院医生到基层提供服务，鼓励退休医生到基层医疗卫生机构执业。

（三十）加强全科医生培养基地建设。在充分利用现有资源基础上，按照“填平补齐”原则，建设以三级综合医院和有条件的二级医院为临床培养基地，以有条件的社区卫生服务中心、乡镇卫生院和专业公共卫生机构为实践基地的全科医生培养实训网络。政府对全科医生规范化培养基地建设和教学实践活动给予必要支持；中央财政对财政困难地区给予补助。卫生部会同教育部等有关部门制定临床培养基地、实践基地的建设标准和管理办法。加强全科医学师资队伍建设，制定全科医学师资标准，依托有条件的高等医学院校建设区域性全科医学师资培训基地，重点支持基层实践基地师资的培训。

（三十一）合理规划全科医生的培养使用。国家统一规划全科医生培养工作，每年公布全科医生培养基地名单及招生名额，招生向中西部地区倾斜。各省（区、市）卫生行政部门要统筹本省（区、市）全科医生需求数量，以县（区）为单位公布全科医生岗位。以医生岗位需求为导向，科学调控临床医学专业招生规模。卫生部要制定全国医生岗位需求计划，教育部在制定临床医学本科生和临床医学专业学位研究生招生计划时要与医生岗位需求计划做好衔接。

（三十二）充分发挥相关行业协（学）会作用。加强相关行业协（学）会能力建设，在行业自律和制订全科医生培养内容、标准、流程及全科医师资格考试等方面充分依托行业协（学）会，发挥其优势和积极作用。

八、积极稳妥地推进全科医生制度建设

（三十三）切实加强组织领导。各省（区、市）人民政府要按照本指导意见精神，尽快制定本省（区、市）的实施方案。卫生、教育、人力资源社会保障、财政、中医

药、法制等部门要尽快组织修订完善现行法规政策，制定出台相关实施细则。

（三十四）认真开展试点推广。建立全科医生制度是对现行医生培养制度、医生执业方式、医疗卫生服务模式的重要改革，政策性强，涉及面广，影响深远。对改革中的难点问题，鼓励地方先行试点，积极探索。有关部门要及时总结实践经验，逐步推广。要强化政策措施的衔接，及时研究新情况、新问题，确保全科医生制度稳步实施。

（三十五）做好舆论宣传引导。通过健康教育、舆论宣传等方式培养居民的预防保健观念，引导居民转变传统就医观念和习惯，增强全社会的契约意识，为实施改革营造良好环境。

国务院
二〇一一年七月一日

关于深化卫生专业技术人员职称制度改革的指导意见

（2021年6月30日　人社部发〔2021〕51号）

各省、自治区、直辖市及新疆生产建设兵团人力资源社会保障厅（局）、卫生健康委、中医药局，国务院各部委、各直属机构人事部门，中央军委政治工作部干部局，有关中央企业人事部门：

卫生专业技术人员是我国专业技术人才队伍的重要组成部分，是新时代实施健康中国战略的中坚力量。为贯彻落实中共中央《关于深化人才发展体制机制改革的意见》和中共中央办公厅、国务院办公厅《关于深化职称制度改革的意见》要求，现就深化卫生专业技术人员职称制度改革提出如下指导意见。

一、总体要求

（一）指导思想

以习近平新时代中国特色社会主义思想为指导，全面贯彻党的十九大和十九届二中、三中、四中、五中全会精神，坚持新时代卫生与健康工作方针，遵循卫生健康行业特点和人才成长规律，以促进人才发展为目标，以科学评价为核心，以品德能力业绩为导向，为科学客观公正评价卫生专业技术人员提供制度保障，为实施健康中国战略提供人才支撑。

（二）基本原则

1.坚持德才兼备、以德为先。把医德医风放在人才评价首位，充分发挥职称评价的“指挥棒”作用，鼓励卫生专业技术人员钻研医术、弘扬医德、匡正医风。

2.坚持实践导向、科学评价。科学设置评价标准，突出实践能力业绩导向，破除唯论文、唯学历、唯奖项、唯“帽子”倾向，鼓励卫生专业技术人员扎根防病治病一线。

3.坚持以用为本、服务发展。围绕用好用活人才，促进人才评价与使用相结合，满足各类用人单位选才用才需要，服务人民群众健康，服务健康中国战略。

二、主要内容

（一）健全评价体系

1.明确各级别职称名称。卫生专业技术人员职称设初级、中级、高级，初级分设士级和师级，高级分设副高级和正高级。卫生专业技术人员职称划分为医、药、护、技四个专业类别。医疗类各级别职称名称分别为：医士、医师、主治（主管）医师、副主任医师、主任医师；药学类各级别职称名称分别为：药士、药师、主管药师、副主任药师、主任药师；护理类各级别职称名称分别为：护士、护师、主管护师、副主任护师、主任护师；技术类各级别职称名称分别为：技士、技师、主管技师、副主任技师、主任技师。

2.促进卫生职称制度与职业资格制度有效衔接。按照《中华人民共和国执业医师法》和《护士条例》参加医师、护士执业资格考试，取得执业助理医师资格，可视同取得医士职称；取得执业医师资格，可视同取得医师职称；取得护士执业资格，可视同取得护士职称。按照《中医药法》参加中医医师确有专长人员医师资格考核，取得中医（专长）医师资格，可视同取得医师职称。

3.动态调整专业设置。围绕卫生健康事业发展需要和医学学科发展，动态调整卫生专业技术资格考试或职称评审专业，并做好与医学教育的衔接。人力资源社会保障部、国家卫生健康委负责调整中、初级卫生专业技术资格考试专业。省级人力资源社会保障部门、卫生健康部门可根据实际情况调整高级职称评审专业。

（二）完善评价标准

1.注重医德医风考核。加强对医德医风和从业行为的评价，将医务人员在重大自然灾害或突发公共卫生事件中的表现作为医德医风考核的重要内容。用人单位须建立健全医德医风考核制度，将利用职务之便索要、非法收受财物或牟取其他不正当利益等行为纳入考核范围。完善诚信承诺和失信惩戒机制，实行学术造假“一票否决制”，对通过弄虚作假、暗箱操作等违纪违规行为取得的职称，一律予以撤销。

2.建立完善临床医生执业能力评价指标。将门诊工作时间、收治病人数量、手术数量等作为申报条件；将诊疗疾病覆盖范围、开展手术或操作的覆盖范围、单病种诊疗例数、平均住院日、次均费用、并发症发生例数等作为重要指标，科学准确评价临床医生的执业能力和水平。强化病案作为评价载体，采取随机抽取与个人提供相结合的方式，通过一定数量的病案加强对临床医生执业能力的评价。探索引入患者对医生的评价指标。

3.突出评价业绩水平和实际贡献。针对卫生行业实践性强的特点，重点评价业务工作的数量和质量。对公共卫生类别医师单独制定评价标准，重点考核公共卫生现场处置、技术规范和标准指南制定、健康教育和科普、循证决策、完成基本公共卫生服务等方面的能力。对中医药人员重点考察其掌握运用中医经典理论、运用中医诊疗手段诊疗的能力，中药处方运用以及师带徒等情况。

4.破除唯论文、唯学历、唯奖项、唯“帽子”等倾向。不把论文、科研项目、获奖情况、出国（出境）学习经历、博士学位等作为申报的必要条件。科学合理对待论文，在职称评审和岗位聘任各个环节，不得把论文篇数和SCI（科学引文索引）等相关指标作为前置条件和评审的直接依据。对在国内和国外期刊发表的论文要同等对待，鼓励更多成果在具有影响力的国内期刊发表。不得将人才荣誉性称号与职称评审直接挂钩。

5.实行成果代表作制度。临床病案、手术视频、护理案例、流行病学调查报告、应急处置情况报告、论文、卫生标准、技术规范、科普作品、技术专利、科研成果转化等均可作为业绩成果代表作参加评审。

6.实行国家标准、地区标准、单位标准相结合。人力资源社会保障部、国家卫生健康委、国家中医药局负责制定《卫生专业技术人员职称评价基本标准》（附后）。各地区人力资源社会保障部门、卫生健康部门、中医药主管部门可根据本地区实际制定地区标准。具有自主评审权的单位可根据本单位实际制定单位标准。申报条件地区标准、单位标准原则上不得低于国家标准，评审条件在国家标准框架内，由各地各单位确定地区标准、单位标准。

（三）创新评价机制

1.完善职称评价方式。中、初级职称继续实行以考代评，考试实行全国统一组织，已统一考试的专业不再进行相应的职称评审或认定，各省（区、市）可由人力资源社会保障部门会同卫生健康部门确定本地区聘用标准。副高级职称原则上采取考试与评审相结合的方式，正高级职称可采取考试与评审相结合的方式，或采取答辩与评审相结合的方式，建立完善以同行专家评议为基础的业内评价机制，具体办法由省级人力资源社会保障部门会同卫生健康部门确定。

2.畅通职称评价渠道。社会办医卫生专业技术人员在职称申报、评审方面与公立医疗机构卫生专业技术人员享有同等待遇，不受户籍、人事档案、不同办医主体等限制。公立医疗卫生机构内的各类卫生专业技术人员在职称申报、评审方面享有同等待遇。在内地就业的港澳台卫生专业技术人员，以及持有外国人永久居留证或各地颁发的海外高层次人才居住证的外籍人员，可按规定参加职称评审。

3.提升职称工作信息化水平。充分利用医疗卫生机构信息系统，收集卫生专业技术人员工作量、病案、绩效考核、工作时间等数据，作为职称评价的重要依据。鼓励有条件的地区，积极利用信息化手段开展职称申报、职称评审、证书查询验证等工作。中、初级卫生专业技术资格考试和高级职称评审结果纳入医疗机构、医师、护士电子化注册信息系统。

（四）促进评价与使用相结合

1.合理确定评聘模式。各地充分考虑现有评聘模式和卫生专业技术人员的实际需求，保持政策延续性，确定医疗卫生机构评价和聘用的衔接关系。

2.落实单位用人自主权。用人单位根据职称评审结果合理使用卫生专业技术人员，实现职称评审结果与岗位聘用、考核、晋升等衔接。健全聘期考核制度，加强聘后管理，在岗位聘用中实现人员能上能下。

3.优化岗位结构比例。根据卫生健康事业的发展、学科建设和各地实际，科学、合理、动态设置专业技术岗位，合理增加医疗机构特别是基层医疗卫生机构中、高级岗位比例，拓宽医务人员职业发展空间。

（五）鼓励人才向艰苦边远地区和基层一线流动

1.完善基层评价标准。凡在乡镇卫生院、社区卫生服务机构工作的医师、护师，可提前一年参加相应专业的中级卫生专业技术资格考试。本科及以上学历、经全科专业住院医师规范化培训合格并到基层医疗卫生机构工作的，可直接参加全科医学专业中级职称考试，考试通过的直接聘任中级职称。对基层卫生专业技术人员的论文、科研和职称外语不作要求，重点评价基层医疗服务能力和水平。对长期在基层服务、业绩突出、表现优秀的卫生专业技术人员，可适当放宽学历要求，同等条件下优先评聘。基层卫生专业技术人员具体评价标准可适用《人力资源社会保障部　国家卫生计生委关于进一步改革完善基层卫生专业技术人员职称评审工作的指导意见》（人社部发〔2015〕94号）。

2.改进评价方式。各地可单独设立基层职称评审委员会或评审组，对艰苦边远地区和基层一线卫生专业技术人员实行“定向评价、定向使用”，取得的职称限定在艰苦边远地区或基层有效。

3.落实服务基层制度。执业医师晋升为副高级职称的，应当有累计一年以上在县级以下或者对口支援的医疗卫生机构提供医疗卫生服务的经历。援外、援藏、援疆、援青等以及在重大突发公共卫生事件处置中表现优秀的卫生专业技术人员，同等条件下优先评聘。

（六）改进职称管理服务方式

1.推动完善行业管理。人力资源社会保障部门会同卫生健康部门负责卫生专业职称政策制定、组织实施和监督检查等工作。国务院各部门、中央企业和全国性行业协会学会等组建的卫生系列高级职称评审委员会，由人力资源社会保障部征求国家卫生健康委意见后核准备案，评价标准报人力资源社会保障部、国家卫生健康委备案。高校附属医院等其他用人单位确需组建卫生系列高级职称评审委员会的，评审委员会按照职称评审管理权限由省级以上人力资源社会保障部门征求卫生健康部门意见后核准备案，评价标准报省级以上人力资源社会保障部门、卫生健康部门备案。

2.下放职称评审权限。以确保评审质量为前提，科学界定、合理下放卫生专业技术人员职称评审权。医疗水平高、技术能力强、人事管理完善、具有自主评审意愿的三级医院（含中医医院）和省级疾病预防控制机构可试点开展高级职称自主评审，评审委员会按照职称评审管理权限由省级以上人力资源社会保障部门征求卫生健康部门意见后核准备案，评价标准报省级以上人力资源社会保障部门、卫生健康部门备案。积极发挥专业化人才服务机构、行业协会学会等组织在职称评审和评价标准制定等方面的作用。

3.加强全过程监督。完善评审专家遴选机制，加强评审专家库建设，实行职称评审回避制度。健全职称评审委员会、职称评审办事机构工作程序和评审规则，严肃评审纪律，明确工作人员和评审专家责任。实行职称评审公开、公示制度，落实政策公开、标准公开、程序公开、结果公开。建立职称评审巡查制度，建立复查、投诉、倒查追责机制，加强对自主评审单位的监管，对不能正确行使评审权、不能确保评审质量的，评审权予以收回。

三、组织实施

（一）提高认识，加强领导。职称制度改革涉及广大卫生专业技术人员的切身利益，政策性强、涉及面广、复杂敏感。各地要高度重视，切实加强领导，明确工作职责，确保改革平稳顺利推进。

（二）精心组织，稳慎推进。各级人力资源社会保障部门、卫生健康部门、中医药主管部门要精心组织、密切配合，结合本地实际，扎实做好各项改革举措的落实，认真总结经验，及时解决改革中出现的新情况、新问题，妥善处理改革、发展和稳定的关系。

（三）加强宣传，营造环境。各地要深入细致地做好职称政策的宣传与解读，及时回应社会关切，做好舆论引导，营造有利于卫生专业技术人员职称制度改革的良好氛围。

本意见适用于各级各类医疗卫生机构的卫生专业技术人员。军队可以参照本意见制定卫生专业技术人员职称评价具体办法。

人力资源社会保障部

国家卫生健康委

国家中医药局

2021年6月30日

附件

卫生专业技术人员职称评价基本标准

一、遵守国家宪法和法律，贯彻新时代卫生与健康工作方针，自觉践行“敬佑生命、救死扶伤、甘于奉献、大爱无疆”的职业精神，具备良好的政治素质、协作精神、敬业精神和医德医风。

二、身心健康，心理素质良好，能全面履行岗位职责。

三、卫生专业技术人员申报医疗类、护理类职称，应取得相应职业资格，并按规定进行注册，取得相应的执业证书。

四、卫生专业技术人员申报各层级职称，除必须达到上述基本条件外，还应分别具备以下条件。

（一）初级职称

医士（师）：按照《中华人民共和国执业医师法》参加医师资格考试，取得执业助理医师资格，可视同取得医士职称；取得执业医师资格，可视同取得医师职称。按照《中医药法》参加中医医师确有专长人员医师资格考核，取得中医（专长）医师资格，可视同取得医师职称。

护士（师）：按照《护士条例》参加护士执业资格考试，取得护士执业资格，可视同取得护士职称；具备大学本科及以上学历或学士及以上学位，从事护士执业活动满一年，可直接聘任护师职称。具备大专学历，从事护士执业活动满3年；或具备中专学历，从事护士执业活动满5年，可参加护师资格考试。

药（技）士：具备相应专业中专、大专学历，可参加药（技）士资格考试。

药（技）师：具备相应专业硕士学位；或具备相应专业大学本科学历或学士学位，从事本专业工作满1年；或具备相应专业大专学历，从事本专业工作满3年；或具备相应专业中专学历，取得药（技）士职称后，从事本专业工作满5年，可参加药（技）师资格考试。

（二）中级职称

卫生专业技术人员中级职称实行全国统一考试制度。具备相应专业学历，并符合以下条件的，可报名参加考试：

临床、口腔、中医类别主治医师：具备博士学位，并取得住院医师规范化培训合格证书；或具备硕士学位，取得住院医师规范化培训合格证书后从事医疗执业活动满

2年；或具备大学本科学历或学士学位，取得住院医师规范化培训合格证书后从事医疗执业活动满2年；或具备大学本科学历或学士学位，经执业医师注册后从事医疗执业活动满4年；或具备大专学历，经执业医师注册后从事医疗执业活动满6年；或具备中专学历，经执业医师注册后从事医疗执业活动满7年。

公共卫生类别主管医师：具备博士学位并经执业医师注册后从事公共卫生执业活动；或具备硕士学位，经执业医师注册后从事公共卫生执业活动满2年；或具备大学本科学历或学士学位，经执业医师注册后从事公共卫生执业活动满4年；或具备大专学历，经执业医师注册后从事公共卫生执业活动满6年；或具备中专学历，经执业医师注册后从事公共卫生执业活动满7年。

主管护师：具备博士学位并注册从事护理执业活动；或具备硕士学位经注册后从事护理执业活动满2年；或具备大学本科学历或学士学位，经注册并取得护师职称后，从事护理执业活动满4年；或具备大专学历，经注册并取得护师职称后，从事护理执业活动满6年；或具备中专学历，经注册并取得护师职称后，从事护理执业活动满7年。

主管药（技）师：具备博士学位；或具备硕士学位，取得药（技）师职称后，从事本专业工作满2年；或具备大学本科学历或学士学位，取得药（技）师职称后，从事本专业工作满4年；或具备大专学历，取得药（技）师职称后，从事本专业工作满6年；或具备中专学历，取得药（技）师职称后，从事本专业工作满7年。

（三）副高级职称

1.副主任医师

（1）申报条件：学历、资历及临床工作量要求

具备大学本科及以上学历或学士及以上学位，受聘担任主治（主管）医师职务满5年；或具备大专学历，在县级及以下基层医疗卫生机构工作，受聘担任主治（主管）医师职务满7年。

完成规定的工作数量要求（详见附表1）。

（2）评审条件：专业能力要求

临床、口腔、中医类别：熟练掌握本专业基础理论和专业知识，熟悉本专业国内外现状及发展趋势，不断吸取新理论、新知识、新技术并用于医疗实践，熟悉本专业相关的法律、法规、标准与技术规范。具有较丰富的本专业工作经验，能熟练正确地救治危重病人，具有指导本专业下级医师的能力。强化病案作为评价载体，采取随机抽取与个人提供相结合的方式，提供5—10份申报人主治或者主持的、能够反映其专业技术水平的抢救、死亡或疑难病案，加强对临床医生执业能力的评价。

基于病案首页数据，重点从技术能力、质量安全、资源利用、患者管理四个维度，利用诊治病种范围和例数、手术级别和例数、术后并发症发生率、单病种平均住

院日、单病种次均费用等指标，科学准确评价医生的执业能力和水平。其中，中医专业还应基于中医病案首页数据，重点围绕以中医为主治疗的出院患者比例、中药饮片处方比、中医治疗疑难危重病患者数量、中医非药物疗法使用率等中医药特色指标，评价中医医师的中医药诊疗能力和水平。具体指标见附表2。

公共卫生类别：熟练掌握本专业基础理论和专业知识，熟悉本专业国内外现状及发展趋势，不断吸取新理论、新知识、新技术并推广应用，熟悉与本专业相关的法律、法规、标准与技术规范。具有较丰富的本专业工作经验，能独立解决复杂或重大技术问题，具有指导本专业下级医师的能力。

基于参与的业务工作内容，重点考核公共卫生现场能力、计划方案制定能力、技术规范和标准指南制定能力、业务管理技术报告撰写能力、健康教育和科普能力、循证决策能力、专业技术成果产出、科研教学能力、完成基本公共卫生服务项目的能力等方面，包含现场流行病学调查报告、疾病与健康危害因素监测（分析预警）报告、制定公共卫生应急处置预案和风险评估报告、业务工作计划、技术指导方案制定等内容。

2.副主任护师

（1）申报条件：学历、资历及临床工作量要求

具备大学本科及以上学历或学士及以上学位，受聘担任主管护师职务满5年；或具备大专学历，受聘担任主管护师职务满7年。

担任主管护师期间，平均每年参加临床护理、护理管理、护理教学工作时间总计不少于40周，病历首页责任护士和质控护士记录累计不少于480条（急诊、重症、手术室、血透、导管室等科室从相应记录单提取护士记录）。

（2）评审条件：专业能力要求

熟练掌握本专业基础理论和专业知识，熟悉本专业国内外现状及发展趋势，不断吸取新理论、新知识、新技术并推广应用，熟悉本专业相关的法律、法规、标准与技术规范。能够正确按照护理程序开展临床护理工作，熟练掌握本专科病人的护理要点、治疗原则，能熟练地配合医生抢救本专业危重病人。具有指导本专业下级护理人员的能力。

3.副主任药师

（1）申报条件：学历、资历及临床工作量要求

具备大学本科及以上学历或学士及以上学位，受聘担任主管药师职务满5年；或具备大专学历，受聘担任主管药师职务满7年。

担任主管药师职务期间，平均每年参加药学专业工作时间不少于40周。

（2）评审条件：专业能力要求

熟练掌握本专业基础理论和专业知识；熟悉本专业国内外现状及发展趋势，不断

吸取新理论、新知识、新技术并推广应用。熟悉本专业相关的法律、法规、标准与技术规范。能够参与制定药物治疗方案，对临床用药结果做出准确分析，能及时发现并处理处方和医嘱中出现的各种不合理用药现象，及时提出临床用药调整意见。具有指导下级药师的能力。其中，中药专业还应具备中药验收、保管、调剂、临方炮制、煎煮等中药药学服务能力，能够提供中药药物咨询服务，具有中药处方点评工作能力，提供合理使用中药建议。

4.副主任技师

（1）申报条件：学历、资历及临床工作量要求

具备大学本科及以上学历或学士及以上学位，受聘担任主管技师职务满5年；或具备大学专科学历，受聘担任主管技师职务满7年。

担任主管技师期间，平均每年参加本专业工作时间不少于40周。

（2）评审条件：专业能力要求

熟练掌握本专业基础理论和专业知识，熟悉本专业国内外现状及发展趋势，不断吸取新理论、新知识、新技术并推广应用，熟悉本专业相关的法律、法规、标准与技术规范。具有较丰富的本专业工作经验，能独立解决复杂或重大技术问题，具有指导本专业下级技师的能力。

（四）正高级职称

1.主任医师

（1）申报条件：学历、资历及临床工作量要求

具备大学本科及以上学历或学士及以上学位，受聘担任副主任医师职务满5年。

完成规定的工作数量要求（详见附表1）。

（2）评审条件：专业能力要求

临床、口腔、中医类别：在具备所规定的副主任医师水平的基础上，系统掌握本专业某一领域的基础理论知识与技术，并有所专长。深入了解本专业国内外现状及发展趋势，不断吸取新理论、新知识、新技术并用于医疗实践。具有丰富的本专业工作经验，能独立解决复杂或重大技术问题，具有指导本专业下级医师的能力。强化病案作为评价载体，采取随机抽取与个人提供相结合的方式，提供5—10份申报人主治或者主持的、能够反映其专业技术水平的抢救、死亡或疑难病案，加强对临床医生执业能力的评价。

基于病案首页数据，重点从技术能力、质量安全、资源利用、患者管理四个维度，利用诊治病种范围和例数、手术级别和例数、术后并发症发生率、单病种平均住院日、单病种次均费用等指标，科学准确评价医生的执业能力和水平。其中，中医专业还应基于中医病案首页数据，重点围绕以中医为主治疗的出院患者比例、中药饮片

处方比、中医治疗疑难危重病患者数量、中医非药物疗法使用率等中医药特色指标，评价中医医师的中医药诊疗能力和水平。具体指标见附表2。

公共卫生类别：在具备所规定的副主任医师水平的基础上，系统掌握本专业某一领域的基础理论知识与技术，并有所专长。深入了解本专业国内外现状及发展趋势，不断吸取新理论、新知识、新技术并用于实践。具有丰富的本专业工作经验，能独立解决复杂或重大技术问题，具有指导本专业下级医师的能力。

基于参与的业务工作内容，重点考核公共卫生现场能力、计划方案制定能力、技术规范和标准指南制定能力、业务管理技术报告撰写能力、健康教育和科普能力、循证决策能力、专业技术成果产出、科研教学能力、完成基本公共卫生服务项目的能力等方面，包含现场流行病学调查报告、疾病与健康危害因素监测（分析预警）报告、制定公共卫生应急处置预案和风险评估报告、业务工作计划、技术指导方案制定等内容。

2. 主任护师

（1）申报条件：学历、资历及临床工作量要求

具备大学本科及以上学历或学士及以上学位，受聘担任副主任护师职务满5年。

担任副主任护师期间，平均每年参加临床护理、护理管理、护理教学工作时间总计不少于35周，病历首页责任护士和质控护士记录累计不少于240条（急诊、重症、手术室、血透、导管室等科室从相应记录单提取护士记录）。

（2）评审条件：专业能力要求

在具备所规定的副主任护师水平的基础上，精通护理学某一专科的基本理论知识与技能，并有所专长。深入了解本专业国内外现状及发展趋势，不断吸取新理论、新知识、新技术并用于临床实践。具有丰富的本专业工作经验，能独立解决复杂或重大技术问题，具有指导本专业下级护理人员的能力。

3. 主任药师

（1）申报条件：学历、资历及临床工作量要求

具备大学本科及以上学历或学士及以上学位，受聘担任副主任药师职务满5年。

担任副主任药师职务期间，平均每年参加药学专业工作时间不少于35周。

（2）评审条件：专业能力要求

在具备所规定的副主任药师水平的基础上，精通本专业某一领域的基本理论知识与技能，并有所专长。深入了解本专业国内外现状及发展趋势，不断吸取新理论、新知识、新技术并用于实践。具有丰富的本专业工作经验，能独立解决复杂或重大技术问题，具有指导本专业下级药师的能力。其中，中药专业还应具备中药验收、保管、调剂、临方炮制、煎煮等中药药学服务能力，能够提供中药药物咨询服务，具有中药处方点评工作能力，提供合理使用中药建议。

4.主任技师

（1）申报条件：学历、资历及临床工作量要求

具备大学本科及以上学历或学士及以上学位，受聘担任副主任技师职务满5年。

担任副主任技师期间，平均每年参加本专业工作时间不少于35周。

（2）评审条件：专业能力要求

在具备所规定的副主任技师水平的基础上，精通本专业某一领域的基本理论知识与技能，并有所专长。深入了解本专业国内外现状及发展趋势，不断吸取新理论、新知识、新技术并用于实践。具有丰富的本专业工作经验，能独立解决复杂或重大技术问题，具有指导本专业下级技师的能力。

五、工作业绩要求。

以下业绩成果可作为代表作：

（一）解决本专业复杂问题形成的临床病案、手术视频、护理案例、应急处置情况报告、流行病学调查报告等。

（二）吸取新理论、新知识、新技术形成的与本专业相关的技术专利。

（三）结合本专业实践开展科研工作形成的论文等成果。

（四）向大众普及本专业科学知识形成的科普作品。

（五）参与研究并形成的技术规范或卫生标准。

（六）人才培养工作成效（包括带教本专业领域的下级专业技术人员的数量和质量，以及所承担教学课题和所获成果等）。

（七）其它可以代表本人专业技术能力和水平的标志性工作业绩。

关于印发《医疗机构检查检验结果互认管理办法》的通知

（2022年2月14日　国卫医发〔2022〕6号）

各省、自治区、直辖市卫生健康委、中医药局、医保局，新疆生产建设兵团卫生健康委、医保局，军队各有关单位：

为进一步提高医疗资源利用率，减轻人民群众就医负担，保障医疗质量和安全，我们制定了《医疗机构检查检验结果互认管理办法》，现印发给你们，请认真贯彻执行。

国家卫生健康委

国家医保局

国家中医药局

中央军委后勤保障部卫生局

2022年2月14日

医疗机构检查检验结果互认管理办法

第一章　总　　则

第一条　为进一步提高医疗资源利用率，减轻人民群众就医负担，保障医疗质量和安全，根据《中华人民共和国基本医疗卫生与健康促进法》《中华人民共和国医师法》《医疗机构管理条例》《医疗保障基金使用监督管理条例》《医疗质量管理办法》《医疗机构临床实验室管理办法》等有关法律法规规定，制定本办法。

第二条　本办法所称检查结果，是指通过超声、X线、核磁共振成像、电生理、核医学等手段对人体进行检查，所得到的图像或数据信息；所称检验结果，是指对来自人体的材料进行生物学、微生物学、免疫学、化学、血液免疫学、血液学、生物物理学、细胞学等检验，所得到的数据信息。检查检验结果不包括医师出具的诊断结论。

第三条　本办法适用于各级各类医疗机构。

第四条　医疗机构应当按照“以保障质量安全为底线，以质量控制合格为前提，以降低患者负担为导向，以满足诊疗需求为根本，以接诊医师判断为标准”的原则，开展检查检验结果互认工作。

第二章 组织管理

第五条 国家卫生健康委负责全国医疗机构检查检验结果互认管理工作。国家医保局在职责范围内推进全国医疗机构检查检验结果互认支持工作。各地卫生健康行政部门负责本行政区域内医疗机构检查检验结果互认管理工作。各地医疗保障主管部门在职责范围内推进本行政区域内医疗机构检查检验结果互认支持工作。国家中医药局和军队卫生主管部门分别在职责范围内负责中医和军队医疗机构检查检验结果互认管理工作。

第六条 各地卫生健康行政部门应当加强对辖区内医疗机构的组织管理，指导医疗机构及其医务人员规范开展检查检验结果互认工作，按照全民健康信息平台建设功能指引要求，加强区域平台建设，推动辖区医疗机构检查检验结果的互通共享。

第七条 各地卫生健康行政部门根据《医疗质量管理办法》组建或者指定的各级、各专业医疗质量控制组织（以下简称质控组织）应当在同级卫生健康行政部门的指导下，制订完善本级检查检验项目质量评价指标和质量管理要求。各级质控组织应当加强本地区本专业检查检验项目的质量管理，定期规范开展质量评价工作，推动本地区医疗机构提升检查检验质量。

第八条 医疗机构应当按照医院信息化建设标准与规范要求，加强以电子病历为核心的医院信息平台建设。建立健全本机构内的互认工作管理制度，加强人员培训，规范工作流程，为有关医务人员开展互认工作提供必要的设备设施及保障措施。

第九条 医联体牵头医院应当推进医联体内数据信息的互联互通，加强检查检验的质量控制，提升检查检验的同质化水平，实现检查检验结果的互认共享。

第十条 医务人员应当遵守行业规范，恪守医德，合理诊疗，努力提高专业水平和服务质量，对符合条件的检查检验结果能认尽认。

第三章 互认规则

第十一条 拟开展互认工作的检查检验项目应当具备较好的稳定性，具有统一的技术标准，便于开展质量评价。

第十二条 满足国家级质量评价指标，并参加国家级质量评价合格的检查检验项目，互认范围为全国。满足地方质量评价指标，并参加地方质控组织质量评价合格的检查检验项目，互认范围为该质控组织所对应的地区。不同地区通过签署协议，共同开展检查检验互认工作的，应当由有关地区卫生健康行政部门共同组建或者指定质控组织开展相关工作。参加相关质量评价并合格的，互认范围为协议地区。

第十三条 医疗机构检查检验结果互认标志统一为HR。检查检验项目参加各级质控组织开展的质量评价并合格的，医疗机构应当标注其相应的互认范围+互认标识。

如："全国HR""京津冀HR""北京市西城区HR"等。未按要求参加质量评价或质量评价不合格的检查检验项目，不得标注。

第十四条 省级卫生健康行政部门应当指导辖区医疗机构统一检查检验结果报告单样式，对于检验结果应当注明所使用的检测方法及参考区间。鼓励医疗机构将在同一区域范围内互认的检查检验结果在一份报告单中出具，并在报告单上统一标注相应互认区域范围和互认标识。

第十五条 各地卫生健康行政部门应当指导同级质控组织定期梳理辖区医疗机构互认项目清单，并按有关规定加强公示公开，便于医疗机构和社会公众查询了解。

第十六条 医疗机构及其医务人员应当在不影响疾病诊疗的前提下，对标有全国或本机构所在地区互认标识的检查检验结果予以互认。鼓励医务人员结合临床实际，在不影响疾病诊疗的前提下，对其他检查检验结果予以互认。

第十七条 对于患者提供的已有检查检验结果符合互认条件、满足诊疗需要的，医疗机构及其医务人员不得重复进行检查检验。

第十八条 医务人员应当根据患者病情开具检查检验医嘱。对于符合互认条件的检查检验项目，不得以与其他项目打包等形式再次收取相关费用。

第十九条 出现以下情况，医疗机构及其医务人员可以对相关项目进行重新检查：

（一）因病情变化，检查检验结果与患者临床表现、疾病诊断不符，难以满足临床诊疗需求的；

（二）检查检验结果在疾病发展演变过程中变化较快的；

（三）检查检验项目对于疾病诊疗意义重大的（如手术、输血等重大医疗措施前）；

（四）患者处于急诊、急救等紧急状态下的；

（五）涉及司法、伤残及病退等鉴定的；

（六）其他情形确需复查的。

第二十条 有条件的医疗机构可以开设检查检验门诊，由医学影像和放射治疗专业或医学检验、病理专业执业医师出诊，独立提供疾病诊断报告服务。

第二十一条 医疗机构及其医务人员应当加强医患沟通，对于检查检验项目未予互认的，应当做好解释说明，充分告知复检的目的及必要性等。

第四章　质量控制

第二十二条 医疗机构开展检查检验所使用的仪器设备、试剂耗材等应当符合有关要求，并按规定对仪器设备进行检定、检测、校准、稳定性测量和保养。

第二十三条 医疗机构应当加强检查检验科室的质量管理，建立健全质量管理体系，并将质量管理情况作为科室负责人综合目标考核的重要指标。

第二十四条 医疗机构应当规范开展室内质量控制，并按照有关要求向卫生健康行政部门或者质控组织及时、准确报送本机构室内质量控制情况等相关质量安全信息。

第二十五条　医疗机构应当按照有关规定参加质控组织开展的质量评价。已标注互认标识的检查检验项目参加相应质量评价的频次不得少于半年一次。

第二十六条　各地卫生健康行政部门及其委托的质控组织应当按照有关规定，定期对辖区医疗机构的检查检验质量情况进行抽查。抽查工作应当以“双随机一公开”的方式组织开展。

第五章　支持保障

第二十七条　各地卫生健康行政部门应当加强辖区检查检验能力建设，定期组织开展人员培训、现场检查、结果监控等工作。

第二十八条

（一）检查检验结果即可满足诊疗需要的，医疗机构按门（急）诊诊查收取相应的诊查费，不额外收费。

（二）检查检验结果符合互认要求，但确需相应检查检验科室共同参与方可完成检查检验结果互认工作的，可在收取诊查费的基础上参照本院执行的价格政策加收院内会诊费用。

（三）检查检验结果符合互认条件，但属于本办法第十九条所规定情形，无法起到辅助诊断作用，确需重新检查的，收取实际发生的医疗服务费用。

第二十九条　各级医疗保障部门应当积极推进支付方式改革，引导医疗机构主动控制成本，加强医疗服务行为的纵向分析与横向比较，强化医保基金使用绩效评价与考核机制。同时，合理确定医保基金预算总额，不因检查检验结果互认调减区域总额预算和单个医疗机构预算总额。

第三十条　有条件的医疗机构可以将医务人员开展检查检验结果互认工作的情况纳入本机构绩效分配考核机制。

第三十一条　鼓励各级医疗保障经办机构将医疗机构开展检查检验结果互认工作的情况作为医保定点机构评定标准。

第六章　监督管理

第三十二条　各地卫生健康行政部门有权通过查阅、记录等方式对辖区内医疗机构开展互认工作的情况进行监督检查，医疗机构不得拒绝、阻碍或者隐瞒有关情况。

第三十三条　各地卫生健康行政部门应当定期开展工作考核，对于违反有关规定的医疗机构及其医务人员依法依规追究相关责任。

第三十四条　各地卫生健康行政部门应当充分运用信息化手段，对医疗机构检查检验结果互认和资料共享情况进行实时监测，对问题突出的医疗机构提出改进要求。

第三十五条 对于因检查检验结果互认而产生纠纷的，各责任主体依法依规承担相应责任。

第三十六条 伪造、变造、隐匿、涂改检查检验结果造成不良后果的，由违规主体依法依规承担相应责任。

第七章 附 则

第三十七条 本办法由国家卫生健康委会同国家医保局负责解释。

第三十八条 各省级卫生健康行政部门应当根据本办法，结合当地实际情况制定具体实施方案。鼓励有条件的地区，联合制定实施方案，推进检查检验结果跨省份互认。

第三十九条 本办法自2022年3月1日起施行。

关于建立住院医师规范化培训制度的指导意见

（2013年12月31日　国卫科教发〔2013〕56号）

各省、自治区、直辖市卫生厅局（卫生计生委）、编办、发展改革委、教育厅（教委）、财政厅（局）、人力资源社会保障厅（局）、中医药管理局，新疆生产建设兵团卫生局、编办、发展改革委、教育局、财务局、人力资源社会保障局：

住院医师规范化培训是培养合格临床医师的必经途径，是加强卫生人才队伍建设、提高医疗卫生工作质量和水平的治本之策，是深化医药卫生体制改革和医学教育改革的重大举措。为贯彻《中共中央国务院关于深化医药卫生体制改革的意见》（中发〔2009〕6号）和《国家中长期人才发展规划纲要（2010—2020年）》精神，培养和建设一支适应人民群众健康保障需要的临床医师队伍，现就建立住院医师规范化培训制度提出如下意见，请结合本地实际认真执行。

一、指导思想、基本原则和工作进程

（一）指导思想。深入贯彻落实科学发展观，实施“科教兴国、人才强国”战略，紧密结合我国经济社会发展要求，按照深化医药卫生体制改革的总体部署，立足基本国情，借鉴国际经验，遵循医学教育和医学人才成长规律，从制度建设入手，完善政策，健全体系，严格管理，建立健全住院医师规范化培训制度，全面提高我国医师队伍的综合素质和专业水平。

（二）基本原则。坚持政府主导、部门协同、行业牵头、多方参与，建立健全住院医师规范化培训工作机制。坚持统筹规划、需求导向、稳妥推进、逐步完善，积极开展住院医师规范化培训工作。坚持统一标准、突出实践、规范管理、注重实效，切实提高医师队伍执业素质和实际诊疗能力。

（三）工作进程。到2015年，各省（区、市）全面启动住院医师规范化培训工作；到2020年，基本建立住院医师规范化培训制度，所有新进医疗岗位的本科及以上学历临床医师均接受住院医师规范化培训。

二、逐步建立健全住院医师规范化培训制度

（四）制度内涵。住院医师规范化培训是指医学专业毕业生在完成医学院校教育之后，以住院医师的身份在认定的培训基地接受以提高临床能力为主的系统性、规范

化培训。住院医师规范化培训制度是对招收对象、培训模式、培训招收、培训基地、培训内容和考核认证等方面的政策性安排。

（五）招收对象。拟从事临床医疗工作的高等院校医学类专业（指临床医学类、口腔医学类、中医学类和中西医结合类，下同）本科及以上学历毕业生，或已从事临床医疗工作并取得执业医师资格证书，需要接受培训的人员。

（六）培训模式。“5+3”是住院医师规范化培训的主要模式，即完成5年医学类专业本科教育的毕业生，在培训基地接受3年住院医师规范化培训。

（七）培训招收。卫生计生行政部门会同有关部门制订中长期规划和年度培训计划。培训基地依据核定规模，按照公开公平、双向选择、择优录取的原则，主要通过招收考试形式，招收符合条件的医疗卫生单位委派人员和社会人员参加培训。根据医疗保健工作需求，适当加大全科以及儿科、精神科等紧缺专业的招收规模。

（八）培训基地。培训基地是承担住院医师规范化培训的医疗卫生机构，依据培训需求和基地标准进行认定，实行动态管理，原则上设在三级甲等医院，并结合当地医疗资源实际情况，将符合条件的其他三级医院和二级甲等医院作为补充，合理规划布局。区域内培训基地可协同协作，共同承担有关培训工作。全科医生规范化培养基地除临床基地外还应当包括基层医疗卫生机构和专业公共卫生机构。

（九）培训内容。包括医德医风、政策法规、临床实践技能、专业理论知识、人际沟通交流等，重点提高临床诊疗能力。

（十）考核认证。包括过程考核和结业考核。合格者颁发统一制式的《住院医师规范化培训合格证书》。

三、完善保障措施

（十一）编制保障。机构编制部门在制订医疗卫生机构编制标准时，将有关机构承担的住院医师规范化培训任务作为核定编制时统筹考虑的因素。

（十二）人员管理与待遇。

培训对象是培训基地住院医师队伍的一部分，应遵守培训基地的有关管理规定，并依照规定享受相关待遇。

单位委派的培训对象，培训期间原人事（劳动）、工资关系不变，委派单位、培训基地和培训对象三方签订委托培训协议，委派单位发放的工资低于培训基地同等条件住院医师工资水平的部分由培训基地负责发放。面向社会招收的培训对象与培训基地签订培训协议，其培训期间的生活补助由培训基地负责发放，标准参照培训基地同等条件住院医师工资水平确定。具有研究生身份的培训对象执行国家研究生教育有关规定，培训基地可根据培训考核情况向其发放适当生活补贴。

临床医学专科学历毕业生参加2年毕业后培训（3+2），培训期间的有关人员管理和待遇参照上述原则并结合当地实际执行，培训内容及标准等另行制订。

（十三）经费保障。建立政府投入、基地自筹、社会支持的多元投入机制。政府对按规划建设设置的培训基地基础设施建设、设备购置、教学实践活动以及面向社会招收和单位委派培训对象给予必要补助，中央财政通过专项转移支付予以适当支持。各地要充分利用已支持建设的全科医生规范化培养基地的条件，在住院医师规范化培训中发挥应有的作用。

四、密切相关政策衔接

（十四）学位衔接。探索住院医师规范化培训与医学硕士专业学位（指临床、口腔、中医，下同）研究生教育有机衔接的办法，逐步统一住院医师规范化培训和医学硕士专业学位研究生培养的内容和方式。取得《住院医师规范化培训合格证书》并符合国家学位要求的临床医师，可授予医学硕士专业学位；符合住院医师规范化培训管理要求，按照住院医师规范化培训标准内容进行培训并考核合格的医学硕士专业学位研究生，可取得《住院医师规范化培训合格证书》。

（十五）执业注册。规范化培训前已取得《执业医师资格证书》的培训对象，应当将培训基地注册为执业地点，可不限执业范围。培训期间尚未取得《执业医师资格证书》的，可在具有执业资格的带教师资指导下进行临床诊疗工作。培训期间，可依照《执业医师法》相关规定参加国家医师资格考试，取得执业医师资格后，医师执业证书应当注明类别，可不限执业范围，但应当按照有关规定填写相应规范化培训信息。培训结束后，根据实际情况确定执业范围和地点，依法办理相应执业注册变更手续。

（十六）政策引导。在全面启动住院医师规范化培训的省（区、市），将取得《住院医师规范化培训合格证书》作为临床医学专业中级技术岗位聘用的条件之一。住院医师规范化培训合格者到基层医疗卫生机构工作，可提前1年参加全国卫生专业技术中级资格考试，同等条件下优先聘用。培训对象到基层实践锻炼的培训时间，可计入本人晋升中高级职称前到基层卫生单位累计服务年限。申请个体行医，在符合规定条件的前提下，卫生计生行政部门应当予以优先，并逐步将参加住院医师规范化培训合格作为必备条件。

（十七）建立培训供需匹配机制。加强部门协同，逐步建立临床医学专业毕业生数量、住院医师规范化培训基地培训容量与临床医师岗位需求量相匹配的机制。

五、强化组织领导

（十八）抓好组织落实。各省（区、市）要按照本指导意见，制订适合本地区情况的具体实施方案。卫生计生、编制、发展改革、教育、财政、人力资源社会保障、中医药等部门要健全工作协调机制，制订政策，发布相关实施细则，并及时研究解决贯彻实施中的有关问题，不断探索完善相关政策措施，推动本地区住院医师规范化培训工作扎实稳妥有效推进。

（十九）促进各地均衡发展。发达地区要积极支持欠发达地区开展住院医师规范化培训工作，在师资队伍建设、基地建设、培训名额等方面给予帮扶。年度招收计划要有一定比例的培训名额用于支持欠发达地区。

（二十）发挥有关行业组织作用。加强行业协会、专业学会及相关机构能力建设，在制订培训标准、开展考核认证等方面充分发挥行业组织的优势与作用。

（二十一）做好舆论宣传。通过多种形式加强宣传，增强全社会对住院医师规范化培训必要性及重要性的认识，为全面建立住院医师规范化培训制度营造良好氛围。

国家卫生计生委
中央编办
国家发展改革委
教育部
财政部
人力资源社会保障部
国家中医药管理局
2013年12月31日

图书在版编目(CIP)数据

《医师法》学习与应用 / 孙东东著. — 北京：中国法制出版社，2023.4

ISBN 978-7-5216-2722-0

Ⅰ. ①医… Ⅱ. ①孙… Ⅲ. ①医师－医药卫生管理－法规－中国－学习参考资料 Ⅳ. ①D922.164

中国版本图书馆CIP数据核字(2022)第100890号

责任编辑：程 思　　封面设计：杨泽江

《医师法》学习与应用

《YISHIFA》XUEXI YU YINGYONG

著者 / 孙东东

经销 / 新华书店

印刷 / 三河市紫恒印装有限公司

开本 / 710毫米×1000毫米 16开　　印张 / 13.5 字数 / 272千

版次 / 2023年4月第1版　　2023年4月第1次印刷

中国法制出版社出版

书号ISBN 978-7-5216-2722-0　　定价：66.00元

北京市西城区西便门西里甲16号西便门办公区

邮政编码：100053　　传真：010-63141600

网址：http://www.zgfzs.com　　**编辑部电话：010-63141806**

市场营销部电话：010-63141612　　**印务部电话：010-63141606**